D1387462

CE QUE TOUS LES QUÉBÉCOIS
DEVRAIENT SAVOIR SUR L'ÉCONOMIE

DES MÊMES AUTEURS

Economics : Private and Public Choice, Forth Worth,
Dryden Press, 6th Edition, 1992
[ISBN 0-15-518921-2]

*Introduction to Economics : The Wealth and Poverty
of Nations*, Forth North, Dryden Press, 1993
[ISBN 0-03-098291-X]

L'Institut économique de Montréal (IEDM)
a bénéficié du généreux appui financier de la
Fondation Lotte & John Hecht Memorial de
Vancouver pour distribuer ce livre.

JAMES D. GWARTNEY • RICHARD L. STROUP

CE QUE TOUS LES QUÉBÉCOIS DEVRAIENT SAVOIR SUR L'ÉCONOMIE

suivi de
Un mythe : les immigrants volent les emplois des Canadiens
de Patrick Luciani

et de
La Vitre cassée
de Frédéric Bastiat

Institut économique
de Montréal

Institut économique de Montréal

6418, rue Saint-Hubert
Montréal (Québec)
H2S 2M2 Canada

Téléphone : (514) 273-0969
Télécopieur : (514) 273-0967

Courriel : info@iedm.org
Site Web : www.iedm.org

Données de catalogage avant publication (Canada)

Gwartney, James D

Ce que tous les Québécois devraient savoir sur l'économie. Suivi de
La vitre cassée de Frédéric Bastiat. Et de Les immigrants volent les
emplois des Canadiens de Patrick Luciani

Traduction de : What everyone should know about economics and
prosperity. Publ. antérieurement sous le titre : Ce que tout le monde
devrait savoir sur l'économique et la prospérité.

ISBN 2-922687-05-8

1. Économie politique. I. Stroup, Richard. II. Institut économique de
Montréal. III. Bastiat, Frédéric, 1801-1850 Vitre cassée. IV. Luciani,
Patrick, Immigrants volent les emplois des Canadiens. V. Gwartney,
James D., Ce que tout le monde devrait savoir sur l'économie et la
prospérité. VI. Titre.

HB171.G9314 2000   330   C00-941666-8

Coordination de la production : Varia Conseil
Couverture, maquette et mise en page : Guy Verville

© 2000 Institut économique de Montréal

ISBN 2-922687-05-8

Dépôt légal : 4ᵉ trimestre 2000
Bibliothèque nationale du Québec
Bibliothèque nationale du Canada

Imprimé au Canada

Pourquoi devriez-vous lire ce livre ?*

NOUS RÉALISONS QUE VOTRE TEMPS EST PRÉcieux. La plupart d'entre vous n'avez pas l'intention de passer beaucoup de temps à apprendre des termes nouveaux, à mémoriser des formules, et vous craignez de vous perdre dans des détails qui ne concernent que les économistes professionnels. Ce que vous voulez, ce sont des aperçus de l'économique qui comptent réellement — ceux qui vous permettront de faire de meilleurs choix personnels et augmenteront votre compréhension de ce monde complexe dans lequel nous vivons. Et vous voulez que ces aperçus soient présentés de façon claire et précise, avec le moins de jargon économique possible. Ce petit livre tente d'atteindre ces deux objectifs. Nous pensons que vous pourrez profiter de ce livre, quelles que soient vos connaissances actuelles de l'économique. Si vous êtes débutant, ce livre vous introduira à quelques principes économiques qui, en grande partie, ne reflètent que le bon sens. Toutefois, ces concepts sont des outils puissants. À l'occasion de prises de décisions, ils vous aideront à ordonner vos idées de façon logique et à percevoir les questions principales plus clairement. Ils augmente-

---

* Cet ouvrage a été adapté pour les lecteurs canadiens par Michael A. Walker. La traduction de l'anglais au français est due à Christine Brooks. L'Institut économique de Montréal a revu l'ensemble de l'œuvre pour l'adapter au marché québécois.

ront votre capacité de faire le tri entre de solides arguments et des sophismes économiques.

Si vous êtes étudiant en économie ou en commerce, ce livre vous sera utile afin de vous faire une idée d'ensemble de l'économie. Après trente ans d'enseignement au niveau universitaire, les auteurs sont tristement conscients de deux choses : 1) que les étudiants manquent souvent les points importants car ils se perdent dans les graphiques, les formules et les détails mathématiques ; et 2) qu'ils ne retiennent pas beaucoup de ce qu'on leur enseigne dans les cours d'économie à l'université. L'information comprise dans ce livre pose le défi aux étudiants universitaires de réfléchir plus sérieusement sur les implications réellement importantes des sciences économiques — connaissances qui feront une différence longtemps après que leur examen final en économie ne sera plus qu'un vague souvenir.

Finalement, même si vous êtes homme d'affaires ou décideur politique, nous croyons que vous trouverez ce livre instructif. Malgré l'expérience que vous avez dans votre domaine de spécialisation, il se peut que vous ne soyez pas conscient de la façon dont toutes les pièces du casse-tête économique s'agencent. Il en est souvent ainsi pour les gens qui travaillent dans le domaine des affaires et pour le gouvernement. Ils connaissent leur travail, mais n'ont pas réfléchi sérieusement aux impacts des réglementations et des politiques gouvernementales sur le bien-être économique des individus et des nations.

Des études ont démontré que nous sommes une nation d'illettrés dans le domaine de l'économie. Dans un contexte démocratique, les conséquences d'un manque de formation économique peuvent être désastreuses. Les gens qui ne comprennent pas les sources de la prospérité économique sont susceptibles de choisir des projets qui empêchent la réalisation de cette prospérité. Une nation d'illettrés économiques n'a pas beaucoup de chance de rester prospère longtemps. Les principes de base abordés dans ce livre vous aideront à mieux comprendre pourquoi certaines sortes d'arrangements économiques fonctionnent et pourquoi certaines nations prospèrent alors que d'autres stagnent ou même régressent. En bout de ligne, vous serez capable de mieux choisir entre les options qui vous sont offertes, et deviendrez un meilleur citoyen.

PREMIÈRE PARTIE

Dix éléments clés de l'économique

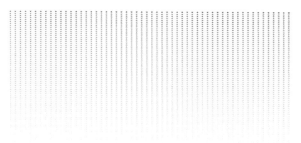

1

Les incitations comptent.

TOUTE THÉORIE ÉCONOMIQUE EST BASÉE SUR LE postulat que les motivations et leurs changements influencent le comportement humain de façon prévisible. Les bénéfices et coûts personnels influencent nos choix. S'il y a une augmentation des bénéfices associés à une option, les gens auront davantage tendance à la choisir. Par contre, s'il y a une augmentation des coûts personnels associés à une option, les gens seront moins portés à la choisir.

Ce postulat économique de base est un outil puissant, car il s'applique à presque tout. Les motivations ont un effet sur le comportement dans presque tous les domaines de nos vies, ce qui inclut les activités de marché, les prises de décision des ménages et les choix politiques.

Dans un marché, ce postulat de base indique que les consommateurs achèteront moins d'un bien à la suite d'une augmentation du prix de ce bien ; les producteurs par contre offriront plus de ce bien puisqu'une augmentation du prix du bien rend sa production plus rentable. Les consommateurs aussi bien que les producteurs répondent aux incitations. Les prix du marché harmonisent leurs actions. Si la quantité que veulent se procurer les acheteurs excède la quantité que les vendeurs sont prêts à offrir, le prix augmentera. La hausse du prix découragera la consommation et encouragera la production de ce bien ou de ce service, équilibrant la quantité demandée avec la quantité offerte. D'autre part, si les consommateurs ne sont pas prêts à acheter la production courante d'un bien, les inventaires s'accumuleront et il y aura une pression à la baisse sur les prix. Un prix moins élevé encouragera la consommation et retardera la production jusqu'à ce que la quantité demandée par les consommateurs soit à nouveau en équilibre avec la production du bien. Les marchés fonctionnent parce que les acheteurs comme les vendeurs modifient leurs comportements en fonction des changements de ce signal qu'est le prix.

Évidemment, ce processus ne fonctionne pas instantanément. Il faut du temps pour que les acheteurs répondent complètement à un changement de prix. De même, il faut du temps pour que les producteurs construisent une usine additionnelle en fonction de la hausse du prix ou réduisent leur niveau de production lorsque le prix baisse. Néanmoins, les implications sont claires : les prix courants vont coordonner les actions des acheteurs aussi bien que celles des vendeurs et les harmoniseront.

La réaction des acheteurs et des vendeurs à la hausse des prix du pétrole dans les années 1970 illustre l'importance des incitations. À mesure que le prix de l'essence augmentait, les consommateurs éliminaient leurs voyages les moins importants et faisaient plus de covoiturage. Graduellement, ils ont opté pour des automobiles plus petites et plus efficaces afin de réduire encore leur consommation d'essence. En même temps, les producteurs de pétrole se sont mis à augmenter leur forage, à utiliser une technique d'inondation à l'eau afin de récupérer autant de pétrole que possible des puits existants, et ont intensifié leurs recherches pour découvrir de nouveaux gisements pétrolifères. Dès le début des années 1980, cette combinaison de facteurs entraîna une pression à la baisse sur le prix du mazout.

Les incitations influencent aussi les choix politiques. La personne qui fait ses emplettes dans un supermarché est la même personne qui magasine des alternatives politiques. Habituellement, il y a plus de chance que les électeurs choisissent de soutenir des candidats dont les politiques leur offriront des bénéfices personnels. Par contre, ils auront tendance à ne pas soutenir les options politiques entraînant des coûts personnels relativement élevés par rapport aux bénéfices qui pourraient en découler.

Le postulat de base en économie — que les incitations comptent — tient aussi bien sous un régime socialiste que capitaliste. Par exemple, dans l'ex-Union soviétique, il fut un temps où les directeurs et les employés d'une usine de verre étaient tous récompensés selon le nombre de tonnes de verre produit. Il n'est pas surprenant que la plupart des usines produisirent du verre si épais qu'on pouvait à peine voir au travers. Les règles furent changées de sorte que les directeurs furent récompensés selon le nombre de mètres carrés de verre produit. Les résultats étaient aussi prévisibles. Sous les nouveaux règlements, les firmes soviétiques produisirent du verre si mince qu'il se cassait facilement. Les changements dans les incitations influencent les actions quel que soit le type d'organisation économique.

Certains critiques ont reproché à l'analyse économique de n'expliquer que les actions de gens qui sont des égoïstes et d'ambitieux matérialistes. Cette opinion est fausse. Les gens agissent pour une variété de raisons, certaines égoïstes, et certaines humanitaires. Le postulat économique de base s'applique à l'altruiste comme à l'égoïste. Pour l'un comme pour l'autre les choix seront influencés par les changements de coûts et de bénéfices personnels. Par exemple, qu'on soit altruiste ou égoïste, il y a plus de chances qu'on tente de sauver un petit enfant d'une piscine de trois pieds de profondeur que des courants rapides des eaux menant aux chutes du Niagara. De même, il y a plus de chances qu'on fera don de ses habits usagés plutôt que de ses meilleurs habits. Les incitations influencent les choix dans les deux cas.

2

On n'a jamais rien pour rien !

L A RARETÉ NOUS IMPOSE DES CONTRAINTES. La réalité de la vie sur notre planète fait que les ressources productives sont limitées, alors que les désirs humains pour les biens et les services sont quasiment illimités. Puisque nous sommes incapables de combler tous nos désirs comme nous l'aimerions, nous sommes obligés de choisir parmi des alternatives.

Lorsque nous utilisons des ressources pour produire un bien A, comme par exemple un centre d'achat, nous détournons des ressources de la production d'autres biens désirés. Le coût du centre d'achat est la combinaison alternative la plus valorisée de biens qui aurait pu être produite et consommée, mais qui doit être sacrifiée maintenant car les ressources requises ont été utilisées pour la production d'un centre d'achat. L'utilisation des ressources pour produire une chose réduit leur disponibilité afin de produire d'autres choses. Donc, l'utilisation de ressources rares entraîne toujours un coût : on n'a jamais rien pour rien.

Les coûts jouent un rôle essentiel : ils nous aident à équilibrer notre désir d'obtenir plus d'un bien donné contre notre désir d'avoir plus d'autres biens qui pourraient être produits à la place. Si nous ne considérons pas ces coûts, nous finirons par mal utiliser les ressources rares en produisant des biens auxquels nous n'accordons pas autant de valeur qu'à d'autres biens que nous aurions pu produire.

Dans une économie de marché, la demande du consommateur et les coûts du producteur remplissent cette fonction d'équilibrer les choses. Au fond, la demande d'un produit est la voix des consommateurs chargeant les entreprises de produire un bien. Cependant, afin de produire un bien, les ressources sont détournées de leurs usages alternatifs, principalement la production d'autres biens, par l'offre la plus forte. Les producteurs subissent des coûts lorsqu'ils font la surenchère pour obtenir les ressources et les détournent de productions alternatives. Ces coûts de production représentent la voix des consommateurs exprimant que d'autres biens qui pourraient être produits avec ces ressources sont eux aussi désirés. Les producteurs sont fortement encouragés à offrir les biens qui peuvent être vendus pour un montant égal ou supérieur à leurs coûts de production. Ceci est une autre façon de dire que les producteurs auront tendance à offrir les biens qui, par rapport aux coûts de production, sont les plus valorisés par les consommateurs.

Bien sûr, un bien peut être fourni gratuitement à un individu ou à un groupe si les autres acceptent de payer la facture. Mais ceci ne fait que transférer les coûts ; ça ne les annule pas. Les politiciens parlent souvent d'une « éducation gratuite », des « coûts de soins de santé gratuits » ou de « logement gratuit ». Cette terminologie est trompeuse. Aucune de ces choses n'est gratuite. Il faut utiliser des ressources rares dans la production de chacune. Par exemple, des édifices, de la main-d'œuvre, et d'autres ressources utilisées dans la production de l'éducation auraient pu être utilisés dans la production de plus de nourriture, de divertissements ou d'autres biens. Le coût de l'éducation est la valeur des biens qu'il nous faut sacrifier parce que les ressources requises pour leur production ont été utilisées pour produire de l'éducation. Les gouvernements sont parfois capables de transférer certains coûts, mais ils ne sont pas capables de les éviter. Le concept suivant lequel « les ressources rares ont un coût » s'applique toujours.

Évidemment avec le temps, il se peut que nous découvrions de meilleures façons de faire les choses et que nous améliorions nos connaissances sur les moyens de transformer nos ressources rares en des biens et des services désirés. Assurément, cela a été le cas jusqu'ici. Durant les 250 dernières années, nous avons été capables d'atténuer les contraintes de la rareté et d'améliorer notre qualité de vie. Cependant, ceci ne change pas le fait fondamental que nous continuons à faire face à la réalité de la rareté. L'utilisation de plus de main-d'œuvre, de machines et de ressources naturelles pour produire un bien nous force à sacrifier d'autres biens qui autrement auraient pu être produits.

3

L'échange volontaire encourage le progrès économique.

LES GAINS RÉCIPROQUES SONT À LA BASE DE l'échange. Les partenaires consentent à un échange, car ils anticipent que cela améliorera leur niveau de bien-être. La motivation pour tout échange sur le marché se résume dans la phrase suivante : « Si vous faites quelque chose de bon pour moi, je ferai quelque chose de bon pour vous ». L'échange est productif ; il permet à chacun des associés commerciaux d'obtenir plus de ce qu'il veut.

Il y a trois raisons principales pour lesquelles l'échange est productif, c'est-à-dire qu'il accroît la richesse des gens. Premièrement, l'échange canalise les biens et les services vers ceux qui leur accordent le plus de valeur. Ce n'est pas le fait qu'il existe qui assure de la valeur à un bien ou à un service. Les choses matérielles ne deviennent richesse que lorsqu'elles sont entre les mains de quelqu'un qui leur accorde une valeur, une importance. Les préférences, les connaissances et les objectifs des gens varient énormément. Ainsi, un bien qui n'a pratiquement aucune valeur pour l'un peut être fort précieux pour un autre. Par exemple, un livre hautement technique sur l'électronique, qui n'aurait aucune valeur pour un amateur d'art, peut valoir plusieurs centaines de dollars pour un ingénieur. Pareillement, une peinture qui reste inappréciée par un ingénieur pourrait représenter un objet de grande valeur pour un amateur d'art. Par conséquent, un échange volontaire qui remet le livre sur l'électronique à l'ingénieur et la peinture à l'amateur d'art augmentera la valeur des deux biens. Simultanément, l'échange augmentera la richesse des deux associés commerciaux et de la nation, car il transfert les biens de gens qui leur accordent moins de valeur aux gens qui leur accordent plus de valeur.

Deuxièmement, l'échange permet aux associés commerciaux d'augmenter leurs profits en se spécialisant dans la production de choses qu'ils produisent le mieux. La spécialisation nous permet d'augmenter la production totale. Un groupe d'individus, de régions, ou de nations sera capable de réaliser une plus grande production si chacun se spécialise dans la production de biens et de services qu'il est capable de fournir à un coût relativement bas, et utilise ses recettes pour acheter les biens désirés qu'il ne saurait produire pour lui-même qu'à un coût élevé. Les économistes appellent ce principe la loi de l'avantage comparatif.

De bien des façons, les gains qui découlent de l'échange et de la spécialisation respectent le bon sens. Les exemples de ce phénomène sont nombreux. L'échange permet au menuisier professionnel de se spécialiser dans la production de charpentes tout en utilisant son revenu de la vente des maisons pour acheter de la nourriture, des habits, des automobiles, et mille et une autres choses qu'un menuisier n'est pas à même de produire. De la même façon, l'échange permet au fermier canadien de se spécialiser dans la production de blé et d'utiliser le revenu de la vente de ce blé afin d'acheter du café brésilien, une denrée que les Canadiens ne pourraient produire qu'à un coût très élevé. Simultanément, il est moins coûteux pour les Brésiliens de consacrer leurs ressources à la culture du café et d'échanger les revenus qui en découlent contre du blé canadien. La production totale est ainsi plus grande : les deux associés commerciaux réalisent des gains.

Troisièmement, l'échange volontaire nous permet de réaliser des gains provenant d'un effort coopératif, d'une spécialisation de la main-d'œuvre, et de l'adoption de méthodes de production à grande échelle. Sans échange l'activité productive serait limitée au ménage individuel. L'autosuffisance et la production à petite échelle seraient de règle. L'échange nous permet d'obtenir un bien plus grand marché pour notre production, et donc nous permet de diviser le processus de production en une série d'opérations spécifiques propices aux productions à grande échelle — initiative qui peut mener à d'énormes augmentations dans la production par travailleur.

Adam Smith, le « père fondateur de l'économie », souligna, il y a plus de 200 ans, l'importance des gains provenant de la spécialisation de la main-d'œuvre. Observant le fonctionnement d'un manufacturier d'épingles, Smith nota que la production d'épingles était divisée en « à peu près 18 opérations distinctes », chacune effectuée par des travailleurs différents. Lorsque les travailleurs se spécialisaient chacun dans une tâche spécifique de la production, ils étaient capables de produire 4 800 épingles par travailleur par jour. Sans spécialisation et division de la main-d'œuvre, Smith croyait improbable qu'un travailleur eut pu produire ne fût-ce que vingt épingles par jour.

La spécialisation permet aux individus de profiter de la diversité de leurs habiletés et compétences. Cela permet aussi aux employeurs d'assigner des tâches aux travailleurs qui sont le mieux capables de les accomplir. Plus important encore, la spécialisation de la main-d'œuvre nous permet d'adopter des techniques de production complexes et à grande échelle, chose impensable pour un ménage individuel. Toutefois, sans échange, ces gains seraient perdus.

4

Les coûts de transaction présentent un obstacle à l'échange ; la réduction de cet obstacle aidera à promouvoir le progrès économique.

L'ÉCHANGE VOLONTAIRE EST PRODUCTIF PARCE qu'il promeut la coopération sociale et nous aide à obtenir plus de ce que nous désirons. Cependant, l'échange est aussi coûteux. Le temps, l'effort, et toutes les autres ressources nécessaires pour rechercher, négocier et conclure un échange s'appellent des coûts de transaction. Les coûts de transaction forment un obstacle à la création de la richesse. Ils limitent aussi bien notre capacité productive que la réalisation de gains à partir d'échanges mutuellement avantageux.

Les coûts de transaction sont parfois élevés à cause d'obstacles physiques, tels que des océans, des rivières, des marais, et des montagnes. Dans ces cas-là, l'investissement dans la création de routes et l'amélioration des réseaux de transport et de communication peuvent les réduire. Dans d'autres cas, les coûts de transaction peuvent être élevés à cause d'obstacles créés par l'homme tels que les taxes, les exigences de permis, les règlements gouvernementaux, les contrôles de prix, les tarifs et les contingentements. Mais, que les obstacles soient naturels ou créés par l'homme, des coûts de transaction élevés réduisent les gains potentiels de l'échange. Inversement, une réduction des coûts de transaction augmente les gains dus au commerce et, ainsi, encourage le progrès économique.

Les personnes qui donnent de l'information et offrent des services qui aident les associés commerciaux à arranger l'échange et faire de meilleurs choix répondent à un besoin important. Parmi ces spécialistes ou intermédiaires, on compte les agents immobiliers, les courtiers en devises, les concessionnaires d'automobiles, les diffuseurs de petites annonces et une grande variété de marchands.

Souvent, les gens pensent que les intermédiaires ne sont pas nécessaires, qu'ils ne font qu'augmenter le prix des biens sans offrir de service ni à l'acheteur ni au vendeur. Une fois que l'on reconnaît que les coûts de transaction sont un obstacle à l'échange des biens et des services, il est facile de voir le faux raisonnement derrière ce point de vue. Prenons l'épicier qui, au fond, offre des services d'intermédiaire, qui rendent moins cher et plus facile les relations entre les producteurs et les consommateurs de produits alimentaires. Pensez au temps et à l'effort que cela prendrait pour préparer ne fût-ce qu'un seul repas si les acheteurs devaient passer directement par le fermier pour acheter des légumes ; par le producteur d'agrumes pour acheter des fruits ; par la laiterie s'ils voulaient du beurre, du lait, ou du fromage ; et par un éleveur de bœufs ou un pêcheur s'ils voulaient servir du bœuf ou du poisson. Les épiciers font ces contacts au nom des consommateurs, transportent et vendent la marchandise à un lieu propice au magasinage, et maintiennent un inventaire sûr. Les services des épiciers et des autres intermédiaires réduisent les coûts de transaction et font en sorte qu'il est plus facile pour les acheteurs potentiels et les vendeurs de réaliser des gains dus au commerce. Ces services augmentent le volume des échanges commerciaux et ainsi encouragent le progrès économique.

5

Les augmentations de revenu réel dépendent des augmentations réelles de la production.

U N PLUS GRAND REVENU ET UN NIVEAU DE VIE plus élevé dépendent d'une plus grande productivité et d'une plus grande production. Il existe une relation directe entre le revenu par habitant d'un pays et la production par habitant. La production et le revenu sont en réalité deux façons de voir la même chose. La production est la valeur des biens et services produits, mesurée par les prix payés par les acheteurs. Le revenu est ce qui est payé aux gens (ce qui inclut le revenu résiduel de l'entrepreneur) qui offrent les ressources (facteurs de production) générant la production. Cela aussi doit être égal au prix de vente des biens.

Prenons l'exemple suivant : supposons qu'une compagnie de construction embauche des travailleurs et achète d'autres ressources (facteurs de production) telles que du bois, des clous et des briques, afin de produire l'extrant, dans ce cas-ci, une maison. Quand la maison est vendue à un acheteur, le prix de vente est une mesure de l'extrant. De même, la somme des paiements que touchent les travailleurs, les fournisseurs des autres facteurs de production, ainsi que le revenu résiduel réalisé par la compagnie de construction (montant qui peut être positif ou négatif) est une mesure du revenu. Tous deux, la production et le revenu, égalent le prix de vente du bien, ce qui représente la valeur de ce qui a été produit.

Une fois que l'on reconnaît le lien qui existe entre la production et le revenu, la source réelle du progrès économique devient claire. Nous améliorons notre niveau de vie (revenu) en déterminant comment produire plus d'extrants (de choses qui contiennent de la valeur pour les gens). Le progrès économique dépend, par exemple, de notre capacité, de notre habileté à construire ou à fabriquer une maison, un ordinateur ou une caméra de meilleure qualité avec la même quantité ou moins de main-d'œuvre et d'autres ressources. Sans augmenter la production réelle, c'est-à-dire la production ajustée pour l'inflation, il n'est pas possible d'augmenter le revenu et d'améliorer notre niveau de vie.

Des comparaisons historiques illustrent cette règle. En moyenne, les travailleurs en Amérique du Nord, en Europe et au Japon produisent à peu près cinq fois plus d'extrants par habitant que leurs ancêtres le faisaient il y a 50 ans. De même, leur revenu par tête ajusté pour l'inflation — ce que les économistes appellent le revenu réel — est approximativement cinq fois plus élevé.

La production par travailleur explique aussi les différences de revenu entre travailleurs de différents pays. Par exemple, le travailleur moyen aux États-Unis est mieux éduqué, travaille avec des machines plus productives, et bénéficie d'une organisation économique plus efficace que le travailleur moyen en Inde ou en Chine. C'est pourquoi le travailleur américain moyen produit des biens qui valent à peu près 20 fois plus que ceux produits par le travailleur en Inde ou en Chine. Les travailleurs américains gagnent plus parce qu'ils produisent plus. S'ils ne produisaient pas plus, ils ne seraient pas capables de gagner plus.

Les politiciens parlent souvent de façon erronée comme si la création d'emplois était la source du progrès économique. Lors d'une campagne électorale, un chef politique contemporain insistait sur le fait que son programme économique se basait sur trois éléments : « des emplois, des emplois, des emplois ». Mais cet accent sur les emplois porte à confusion. Plus d'emplois ne va pas promouvoir le progrès économique, sauf si les emplois supplémentaires augmentent la production. Nous n'avons pas besoin de plus d'emplois, comme tel. Nous avons plutôt besoin de travailleurs plus productifs, de machinerie et d'organisation économique plus efficaces afin que nous puissions produire plus par habitant.

Certains observateurs soutiennent que la technologie a des effets négatifs sur la main-d'œuvre. En fait, c'est justement le contraire qui est vrai. Une fois que l'on reconnaît que l'expansion de la production est une source de revenus plus élevés, l'impact positif des percées technologiques devient apparent : une meilleure technologie permet aux travailleurs de produire plus, et donc de gagner plus. Par exemple, les fermiers sont habituellement capables de produire plus en utilisant un tracteur plutôt qu'un attelage de chevaux. Les comptables peuvent brasser plus de comptes d'affaires en utilisant un micro-ordinateur plutôt qu'un crayon et une calculatrice. Un(e) secrétaire peut préparer plus de lettres en travaillant avec un logiciel de traitement de texte qu'avec une machine à écrire.

Il arrive parfois que certains travaux soient éliminés. Il est évident que la technologie moderne a en grande partie éliminé les travaux des opérateurs d'ascenseurs, des forgerons (maréchaux-ferrants), des travailleurs domestiques, des creuseurs de tranchées, et des manufacturiers de buggy. Cependant, ces changements n'ont fait que libérer des ressources humaines afin qu'elles puissent être utilisées aux fins de l'expansion de la production dans d'autres domaines. D'autres tâches peuvent maintenant être accomplies avec ces ressources nouvellement libérées et il en résulte que nous pouvons atteindre un niveau de vie plus haut que ce ne serait le cas autrement.

En reconnaissant le lien qui existe entre la production et le revenu, il est plus facile de voir pourquoi les lois sur le salaire minimum et les syndicats ne parviennent pas à augmenter l'ensemble des salaires des travailleurs. Un salaire minimum plus élevé rendra hors prix certains travailleurs d'un niveau de compétence peu élevé, ce qui les empêchera de percer le marché. Donc, leurs emplois diminueront, réduisant la production totale. Alors que certains travailleurs particuliers pourront peut-être en bénéficier, globalement le revenu par tête sera plus faible, car la production par habitant aura baissé.

De même, il arrive que les syndicats soient capables de réduire la concurrence des travailleurs non syndiqués et de mettre ainsi de la pression vers le haut sur les salaires des membres du syndicat. Mais sans une augmentation proportionnelle de la productivité du travailleur, les syndicats sont incapables d'augmenter le niveau général de tous les travailleurs. S'ils étaient capables de faire cela, les revenus moyens dans un pays fortement syndiqué, tel le Royaume-Uni, seraient plus élevés qu'aux États-Unis. Mais, nous observons le contraire. Les salaires au Royaume-Uni sont au moins 40 % plus bas qu'aux États-Unis, malgré le fait que près de la moitié de la main-d'œuvre du Royaume-Uni est syndiquée, à comparer à moins de 20 % aux États-Unis.

Sans une haute productivité par travailleur, il n'est pas possible d'avoir de hauts revenus par travailleur. De même, sans une croissance de la production des biens et des services voulus par les consommateurs, il n'est pas possible de réaliser une croissance du revenu réel d'une nation. La production fournit la source de revenus.

6

*Les quatre sources de
croissance des revenus sont :
a) l'amélioration des compétences
des travailleurs,
b) l'augmentation des immobilisations,
c) le progrès technologique, et
d) une meilleure organisation
économique.*

LES BIENS ET LES SERVICES QUI ASSURENT NOTRE niveau de vie n'apparaissent pas par hasard. Leur production nécessite du travail, de l'investissement, de la coopération, de la machinerie, des forces intellectuelles et de l'organisation. Il y a quatre sources principales de production et de croissance de revenu.

Premièrement, l'amélioration des compétences des travailleurs va promouvoir la croissance économique. Des travailleurs plus habiles seront plus productifs. Comment les individus améliorent-ils leurs compétences ? Ils le font surtout en investissant dans leur propre personne, en développant leurs talents naturels. Il y a littéralement des milliers de façons par lesquelles les gens peuvent améliorer leurs habiletés, mais la plupart d'entre elles comportent l'étude et la pratique. Donc, l'éducation, l'entraînement et l'expérience sont les façons principales par lesquelles les gens améliorent leurs compétences.

Deuxièmement, l'augmentation des immobilisations peut aussi augmenter la productivité des travailleurs. Les travailleurs sont capables de produire plus s'ils travaillent avec de plus nombreuses et de meilleures machines. Par exemple, un bûcheron peut produire plus en travaillant avec une scie électrique qu'avec une scie manuelle. De même, un travailleur dans le domaine du transport transportera plus avec un camion qu'avec une charrette. Toutes choses étant égales par ailleurs, l'investissement dans les outils et la machinerie peut nous aider à produire plus à l'avenir. Mais l'investissement ne se fait pas gratuitement. Les ressources utilisées pour produire les outils, les machines et les usines pourraient aussi être utilisées à la production de nourriture, d'habits, d'automobiles, et d'autres biens pour la consommation courante. L'économie est une question de choix. Par contre, il est clair que les gens qui épargnent et investissent d'avantage seront capables de produire plus à l'avenir.

Troisièmement, une amélioration technologique des connaissances quant à la façon de transformer nos ressources en biens et en services nous permettra aussi d'atteindre un niveau de production plus élevé. L'utilisation de forces intellectuelles afin de découvrir de nouveaux produits et/ou des méthodes de production moins coûteuses représente une source de progrès économique. Au cours des 250 dernières années, les percées technologiques ont littéralement transformés nos vies. Pendant cette même période, la machine à vapeur, et plus tard le moteur à combustion interne, l'électricité et l'énergie nucléaire ont remplacé l'énergie humaine et animale comme principales sources d'énergie. Les automobiles, les autobus, les trains et les avions ont remplacé le cheval et la charrette (et la marche) comme principaux moyens de transport. Les progrès technologiques continuent à changer nos modes de vie. Il suffit de considérer l'influence du disque compact, des micro-ordinateurs, des logiciels de traitement de texte, des fours à micro-ondes, des caméras vidéo, des magnétoscopes et de la climatisation dans les automobiles pour comprendre que le développement et l'amélioration des produits ces dernières décennies ont changé énormément la façon dont nous travaillons, jouons et nous divertissons.

Finalement, le progrès dans le domaine de l'organisation économique peut aussi promouvoir la croissance économique. Des quatre sources de croissance, celle-ci est probablement celle que l'on oublie le plus souvent. Le système légal d'un pays influence le degré de coopération économique. Historiquement, les innovations légales ont été une source importante de progrès économique. Au 18ᵉ siècle, un système de brevets a fourni aux investisseurs un droit d'exclusivité sur leurs idées. À peu près à la même époque, la reconnaissance de la corporation comme entité légale a réduit le coût de formation de grandes firmes souvent nécessaires à la fabrication en masse des produits manufacturés. Ces deux innovations dans l'organisation économique accélérèrent la croissance de la production en Europe et en Amérique du Nord.

Une organisation économique efficace facilite la coopération sociale et canalise les ressources vers la production de biens que les gens veulent. Par contre, une organisation économique qui protège des pratiques peu efficaces et qui ne parvient pas à récompenser la création de richesse retardera le progrès économique. Dans la deuxième partie du livre nous analyserons de façon plus détaillée les principales caractéristiques d'une organisation économique.

7

Le revenu est une compensation qu'on obtient en rendant service aux autres. Les gens gagnent un revenu en aidant les autres.

L ES GENS DIFFÈRENT DU POINT DE VUE DE LEURS capacités productives, de leurs préférences, des occasions qui s'offrent à eux, du développement de leurs compétences spécialisées, de leur propension à prendre des risques, et de leur chance dans la vie. Ces différences influencent les revenus, car elles influencent la valeur des biens et des services que les individus peuvent ou veulent bien offrir aux autres.

Pendant que l'on considère ces différences entre les gens, ne perdons pas de vue ce qu'est précisément là le revenu. Le revenu est simplement la compensation reçue en échange des services offerts aux autres. Les gens qui gagnent d'importants revenus apportent aux autres beaucoup de choses qu'ils veulent. Sinon, personne ne serait prêt à les payer si généreusement. Il y a une morale ici. Si l'on veut gagner un revenu élevé, il est nécessaire de déterminer comment aider beaucoup les autres. Le contraire est vrai aussi. Si l'on est incapable ou non disposé à beaucoup aider les autres, on peut s'attendre à un très petit revenu.

Ce lien direct qui existe entre l'aide apportée aux autres et l'importance du revenu nous incite tous à acquérir des habiletés et à développer des talents qui sont fort recherchés des autres. Les étudiants universitaires étudient de longues heures, endurent du stress et subissent le coût financier de leur éducation afin de devenir, par exemple, des médecins, des chimistes ou des ingénieurs. D'autres personnes acquièrent par l'entraînement et l'expérience les dispositions qui leur permettront de développer les compétences d'un informaticien, capable d'entretenir ou de programmer un ordinateur. D'autres encore investissent et lancent un commerce. Pourquoi les gens font-ils ces choses ? Assurément, bien des facteurs influencent ces décisions. Dans certains cas, les individus sont motivés par un grand désir personnel d'améliorer le monde dans lequel nous vivons. Cependant, et c'est là la clé, même les gens qui sont motivés principalement par la poursuite de revenus élevés sont fortement incités à développer des habiletés et à faire des investissements auxquels les autres accordent de l'importance. La prestation de services auxquels les autres accordent de l'importance est la source de revenus importants. Donc, quand les marchés déterminent les revenus, même les individus motivés principalement par l'acquisition de revenus personnels seront fortement incités à tenir compte de ce qui a de la valeur pour les autres.

Certaines personnes ont tendance à penser que les individus à hauts revenus exploitent les autres. En comprenant que le revenu est une compensation reçue pour aider les autres, il est facile de voir le faux raisonnement qui caractérise ce point de vue. Les gens qui gagnent un grand revenu améliorent presque toujours le bien-être d'un grand nombre de gens. Les acteurs de cinéma, les athlètes qui gagnent d'énormes salaires le font, car des millions de gens sont prêts à payer pour voir leurs performances. Les entrepreneurs qui ont beaucoup de succès atteignent ce dernier en rendant leurs produits abordables à des millions de consommateurs. Feu Sam Walton, le fondateur des magasins Wal-Mart, est devenu l'homme le plus riche des États-Unis parce qu'il a compris comment manipuler des inventaires considérables d'une façon plus économique et comment livrer aux petites communautés des États-Unis de la marchandise de marques connues à des prix de rabais. Par la suite, Bill Gates, le fondateur et président de Microsoft, grimpa au sommet de la liste des « 400 plus riches » du magazine *Forbes* en développant un produit qui a amélioré de façon marquante l'efficacité et la compatibilité des ordinateurs personnels. Des millions de consommateurs qui n'avaient jamais entendu parler de Walton ou de Gates ont néanmoins bénéficié de leurs talents d'entrepreneur et de leurs produits à prix modiques. Walton et Gates ont gagné beaucoup d'argent parce qu'ils ont aidé beaucoup de gens.

8

Les profits dirigent les entreprises vers les activités qui font augmenter la richesse.

L A POPULATION D'UN PAYS SERA PLUS PROSPÈRE SI les ressources du pays sont utilisées afin de produire des biens et des services qui jouissent d'une grande valeur par rapport à leurs coûts. À n'importe quel moment, il y a un nombre quasi infini de projets d'investissement. Certains augmenteront la valeur des ressources et encourageront le progrès économique. D'autres détruiront la valeur des ressources et mèneront à un déclin économique. Pour que le progrès économique puisse se poursuivre, les projets qui augmentent la valeur des ressources doivent être encouragés, les autres évités.

C'est précisément le rôle des profits et des pertes dans le cadre du marché que de favoriser ce choix. Les entreprises commerciales achètent les ressources et les utilisent afin de produire un bien ou un service qui est vendu par la suite aux consommateurs. Comme l'entreprise paie ses travailleurs et les propriétaires des autres facteurs de production pour leurs services, elle subit des coûts. Si les ventes de l'entreprise sont excédentaires par rapport aux coûts qui découlent de l'emploi de toutes les ressources requises afin de produire l'extrant, alors l'entreprise réalisera un profit. Essentiellement, le profit est la récompense que les propriétaires d'entreprises gagnent s'ils produisent un bien qui vaut plus pour les consommateurs (comme l'indique leur volonté de payer) que les ressources requises pour la production de ce bien (comme l'indique le coût de détourner ces ressources de leurs meilleurs emplois alternatifs).

Par contre, les pertes représentent une pénalité imposée aux entreprises qui réduisent la valeur des ressources. La valeur des ressources épuisées par de pareilles entreprises qui ont échoué excède le prix que les consommateurs sont prêts à payer pour leurs produits. Pertes et faillites sont les façons par lesquelles le marché met fin aux activités infructueuses.

Par exemple, supposons que la location d'un bâtiment et de machines, ainsi que l'achat de la main-d'œuvre, du tissu, des boutons, et d'autres matériaux nécessaires pour produire et trouver des débouchés pour 1 000 chemises par mois coûte 20 000 $ à un manufacturier de chemises. Si le manufacturier vend les 1 000 chemises à 22 $ chacune, ses actions génèrent de la richesse. La valeur des chemises est plus grande pour les consommateurs que celle qu'ils accordent aux ressources nécessaires à leur fabrication. Les 2 $ de profit par chemise qu'empoche le manufacturier sont sa récompense pour avoir augmenté la valeur des ressources.

D'un autre côté, si les chemises ne peuvent se vendre que 17 $ chacune, alors le manufacturier subit une perte de 3 $ la chemise. Cette perte reflète la réduction de la valeur des ressources qu'ont provoquée les actions du manufacturier : les chemises valent moins pour les consommateurs que les ressources nécessaires à leur fabrication.

Nous vivons dans un monde d'incertitude et de savoir limité, où les goûts et la technologie changent continuellement. Les décideurs dans le monde des affaires ne peuvent être certains ni des prix futurs du marché, ni des coûts de production. Leurs décisions doivent être basées sur des attentes. Néanmoins, sur ce point, le système de récompense/pénalité d'une économie de libre marché est clair. Les entreprises qui produisent de façon efficace et prévoient correctement les produits et les services pour lesquels la demande future sera la plus urgente (par rapport aux coûts de production) réaliseront des profits. Celles qui sont inefficaces et affectent mal les ressources, les utilisant dans des domaines pour lesquels la demande future sera faible, seront pénalisées en subissant des pertes.

Essentiellement, ce sont les anticipations de profits et pertes qui dirigent l'investissement des entreprises dans des projets qui encouragent le progrès économique et le détournent de ceux qui dissipent les ressources rares. C'est là une fonction d'importance vitale. Les nations qui ne parviennent pas à bien accomplir cette fonction sont presque certainement vouées à la stagnation économique.

9

Le principe de la « main invisible » stipule que le système des prix permet d'harmoniser l'intérêt de l'individu avec le bien-être général.

Chaque individu s'efforce de trouver l'emploi le plus avantageux pour le capital dont il dispose, quel qu'en soit le montant. C'est dans son propre intérêt, évidemment, et non dans l'intérêt de la société qu'il envisage la question. Mais la recherche de son propre intérêt le conduit naturellement, ou plutôt par nécessité, à choisir l'usage de son capital le plus avantageux pour la société… Son intention est uniquement son propre profit et, en cela, comme dans bien d'autres cas, il est conduit par une main invisible, à favoriser un dessein qui n'était pas dans ses intentions.[1]

Adam SMITH

COMME L'A DIT ADAM SMITH, LA CHOSE LA PLUS remarquable d'une économie basée sur la propriété privée et la liberté d'établir des contrats est que les prix poussent les individus égoïstes à agir en harmonie avec la prospérité générale de la communauté ou de la nation. L'entrepreneur « ne cherchant qu'à améliorer son sort » est mené par la « main invisible » des prix courants afin de « promouvoir une fin (la prospérité économique) qui ne faisait pas partie de son intention ».

---

1.   Adam Smith, *Recherche sur la nature et les causes de la richesse des nations*, 1776, Éditions Cannan, Chicago : Presse Universitaire de Chicago, 1976, p. 477 (traduit par T. Scotto).

Pour bien des gens, le principe de la main invisible est difficile à comprendre, car il y a une tendance naturelle à associer l'ordre avec la planification centralisée. Si les ressources doivent être affectées de façon sensée, assurément il doit y avoir une autorité centrale en charge de cela. Le principe de la main invisible indique qu'il n'est pas nécessaire que tel soit le cas. Quand il existe un système de propriété privée et de liberté d'échange, les prix courants reflètent, littéralement, le choix de millions de consommateurs, de producteurs et de fournisseurs de ressources, et les mènent à l'harmonie. Les prix dévoilent des informations à propos des préférences du consommateur, des coûts, du *timing*, des lieux et des circonstances qui sont bien au-delà de la compréhension de n'importe quel individu ou autorité de planification centrale. Cette seule donnée sommaire — le prix courant — procure aux producteurs toutes les informations dont ils ont besoin pour faire en sorte que leurs actions soient en harmonie avec les actions et préférences des autres. C'est le prix qui mène et incite les producteurs, aussi bien que les fournisseurs de ressources, à offrir les choses qui ont une grande valeur pour les autres, par rapport à leurs coûts.

Aucune autorité centrale n'est requise pour dire au gestionnaire ce qu'il doit produire et comment le produire. Les prix font ce travail. Par exemple, personne ne doit forcer le fermier à cultiver du blé, ou dire à un travailleur dans une entreprise de construction de bâtir des maisons, ou convaincre le manufacturier de meubles de produire des chaises. Quand les prix de ces biens, et d'autres produits, démontrent que leur valeur pour les consommateurs est au moins aussi élevée que leurs coûts de production, les producteurs, cherchant le gain personnel, vont les produire.

De plus, il ne sera ni nécessaire, ni même utile pour une autorité centrale de surveiller les méthodes de production adoptées par les entreprises. Fermiers, entreprises de construction, manufacturiers de meubles et autres producteurs ne recherchent rien de moins que la meilleure combinaison de ressources et les méthodes de production les plus efficaces par rapport au coût, car des coûts moins élevés permettent des profits plus élevés. Il est dans l'intérêt de chaque producteur de maintenir les coûts aussi bas que possible et la qualité aussi élevée que possible. En effet, la concurrence les y oblige quasiment. Les producteurs qui maintiennent des coûts de production élevés pourront difficilement survivre dans le marché, car les consommateurs recherchent le plus de valeur possible pour leur argent.

La main invisible du processus du marché fonctionne de façon tellement automatique que la plupart des gens n'y réfléchissent guère. La plupart des gens prennent pour acquis que les biens auxquels ils accordent de la valeur seront produits à peu près dans les quantités que les consommateurs veulent acheter. Les longues files d'attentes et les panneaux indiquant « stock épuisé jusqu'à la semaine prochaine », qui caractérisent les économies planifiées, sont presque totalement inconnus dans les économies de marché. De même, la disponibilité d'une grande gamme de biens qui pose un défi à l'imagination, même à celle d'un consommateur moderne, est en grande partie prise comme un acquis. Le processus de la main invisible assure l'ordre, l'harmonie et la diversité. Cependant, le processus fonctionne si tranquillement qu'il n'est ni bien compris, ni bien apprécié. Et pourtant, il est vital à notre bien-être économique.

10

Ne pas tenir compte des effets secondaires et des conséquences à long terme est une source d'erreur parmi les plus communes en économie.

H ENRY HAZLITT, PEUT-ÊTRE LE PLUS GRAND écrivain populaire de ce siècle en économie, a écrit un livre intitulé *Economics in One Lesson*. La leçon de Hazlitt, c'est que, lorsqu'on analyse un propos économique, on doit projeter non seulement les résultats immédiats mais aussi les résultats à long terme, non seulement les conséquences premières mais aussi les conséquences secondaires, et non seulement les effets sur certains groupes spéciaux mais les effets sur tout le monde.[1]

Hazlitt croyait que l'inapplication de cette leçon était, de loin, la source la plus commune d'erreur en économie.

Il est difficile de contester ce point. À tort et à travers, les politiciens insistent sur les bénéfices à court terme qui découlent d'une certaine politique, négligeant complètement les conséquences à plus long terme. De même, on entend des plaidoyers sans fin pour des propositions qui aideraient des industries, des régions ou des groupes en particulier, sans considérer l'effet que celles-ci

---

1. Henry Hazlitt, *Economics in One Lesson*, New Rochelle : Arlington House, 1979, p. 103.

tion de taxes de 2 milliards de dollars réduira les dépenses des consommateurs et les épargnes privées, et ainsi détruira autant de travaux que les dépenses du gouvernement en créeront. Par contre, si le projet est financé par des prêts, les emprunts mèneront à une augmentation des taux d'intérêts et une baisse de 2 milliards de dollars d'investissement privé et de consommation. Comme dans le cas des restrictions commerciales, il en résulte une redistribution, non une création, d'emplois. Cela veut-il dire que le projet ne devrait pas être entrepris ? Pas nécessairement. Mais cela veut dire que la justification du projet doit venir des bénéfices d'un train à grande vitesse et non des bénéfices illusoires d'une augmentation du nombre d'emplois.

DEUXIÈME PARTIE

Les sept sources principales du progrès économique

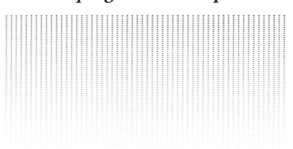

1

Propriété privée : les gens sont plus motivés à travailler et utilisent les ressources plus sagement lorsque la propriété est privée.

> Les hommes travaillent toujours plus forts et plus volontairement quand leurs efforts sont voués à ce qui leur appartient… Il est incontestable que, lorsque quelqu'un s'engage dans un travail rémunérateur, la raison motrice et le but de son travail est d'obtenir de la propriété et de la garder pour soi.
>
> Pape LÉON XIII (1878)

LA PROPRIÉTÉ PRIVÉE COMPREND TROIS ÉLÉMENTS importants : *a)* le droit exclusif à l'utilisation (de la propriété), *b)* la protection légale contre les envahisseurs, et *c)* le droit de transfert. La propriété est un terme vaste qui inclut les services de la main-d'œuvre, les idées, la littérature et les ressources naturelles, aussi bien que les biens comme les édifices, les machines et la terre. La propriété privée permet aux individus de décider comment ils utiliseront ce dont ils sont propriétaires. Mais elle les rend aussi redevables de leurs actions. Les gens qui utilisent leur propriété d'une façon qui entame ou empiète sur les droits de propriété de quelqu'un d'autre sont soumis aux lois qui protègent leur propre propriété. Par exemple, le droit à la propriété privée me défend de lancer mon marteau à travers l'écran de l'ordinateur que vous possédez, car si je le faisais, je violerais votre droit de propriété par rapport à l'ordinateur. Votre droit de propriété sur l'ordinateur m'empêche, ainsi que toute autre personne, de l'utiliser sans votre permission. De même, le fait que je sois propriétaire de mon marteau et d'autres choses que je possède vous empêche, ainsi que toute autre personne, de les utiliser sans ma permission.

L'important à propos de la propriété privée est la structure des incitations qui en découle. Quatre raisons principales expliquent pourquoi une telle structure d'incitations promeut le progrès économique.

Premièrement, la propriété privée encourage une utilisation judicieuse. Si les propriétaires ne maintiennent pas leur propriété ou s'ils en permettent l'abus ou la détérioration, ils en subiront les conséquences sous la forme d'un déclin de la valeur de leur propriété. Par exemple, si vous possédez une automobile, vous êtes incité à changer l'huile, à faire faire une vidange régulièrement, et à voir à ce que l'intérieur de l'auto soit bien entretenu. Pourquoi en est-il ainsi ? Si vous ne l'entretenez pas adéquatement, la valeur de la voiture, pour vous aussi bien que pour ses propriétaires éventuels, diminuera. D'autre part, si elle est bien entretenue et gardée en bon état, elle conservera une plus grande valeur, pour vous et pour d'autres qui pourraient vouloir vous l'acheter. Avec la propriété privée, toute bonne utilisation est récompensée.

Par contre, lorsque c'est le gouvernement ou un groupe de gens nombreux qui possèdent conjointement une propriété, les incitations à en prendre soin sont plus faibles. Par exemple, lorsque le gouvernement est propriétaire de logements, il n'y a pas de propriétaire ou de petit groupe de propriétaires qui sont prêts à payer beaucoup si la propriété fait l'objet d'abus ou est mal entretenue. C'est pourquoi il ne faut pas être surpris lorsque nous observons que, comparé au logement offert dans le secteur privé, le logement offert par le gouvernement est généralement en mauvais état et mal entretenu, et ceci aussi bien dans les pays capitalistes comme les États-Unis que dans les pays socialistes, comme la Russie et la Pologne. Les manques de soin, d'entretien et de réparations reflètent tout simplement la structure des incitations qui accompagnent la possession publique des propriétés.

Deuxièmement, la propriété privée encourage les gens à développer leur propriété et à l'utiliser de façon productive. Avec la propriété privée, les individus ont une forte raison d'améliorer leurs compétences, de travailler plus fort et de façon plus intelligente. De tels comportements augmentent leur revenu. De même, les gens sont encouragés à construire et à développer leurs actifs immobiliers tels que les maisons, les appartements et les bureaux. Lorsque de tels développements ajoutent plus aux revenus qu'aux coûts, la richesse des propriétaires privés augmente.

L'exploitation agricole dans l'ex-URSS témoigne de l'importance des droits de propriété comme moyen de stimuler l'activité productive. Sous le régime communiste, il était permis pour les ménages de garder et/ou de vendre tous les biens produits sur de petits lots de terre privés, mesurant jusqu'à un acre. Ces parcelles de terre ne représentaient qu'un pour cent de la terre cultivée ; les autres 99 % étaient cultivés par des entreprises d'État et d'immenses coopératives agricoles. Néanmoins, comme le rapporta la presse soviétique, à peu près un quart de la production agricole soviétique totale provenait de cette petite fraction de terre agricole privée.

Troisièmement, les propriétaires privés sont incités à utiliser leurs ressources de façon bénéfique pour les autres. Alors que les propriétaires privés peuvent légalement « faire ce qu'ils veulent » avec leur propriété, leur droit de propriété les incite fortement à tenir compte des désirs des autres. Les propriétaires privés peuvent gagner s'ils déterminent comment rendre leur propriété, et les services qui en découlent, plus attrayants pour les autres. S'ils emploient et développent leur propriété de façon à ce que les autres la trouvent attrayante, la valeur marchande de leur propriété augmentera. Par contre, des changements qui suscitent la désapprobation des autres — particulièrement des clients ou des acheteurs potentiels — réduira la valeur de leur propriété.

Le fait d'être propriétaire de vos services de main-d'œuvre vous incite à investir dans l'éducation et la formation qui vous permettront d'offrir des services hautement valorisés par les autres. De même, les propriétaires d'actifs immobiliers sont encouragés à les développer de façon attrayante pour les autres. Comme exemple, prenez la situation du propriétaire d'un immeuble à appartements. Il peut ne pas se soucier du stationnement, d'un lavoir ou d'une buanderie, des arbres, ou des étendues vertes bien entretenues autour de son immeuble. Cependant, si ces choses ont une grande importance (valeur) pour les consommateurs (par rapport à leurs coûts), le propriétaire sera motivé à les offrir, car elles augmenteront aussi bien ses revenus (loyers) que la valeur marchande de ses appartements. Par contre, les propriétaires d'appartements qui s'obstinent à offrir ce qui leur tente au lieu de tenir compte des préférences des consommateurs verront baisser leurs revenus ainsi que la valeur de leurs capitaux (les appartements).

Quatrièmement, la propriété privée encourage le développement réfléchi et la conservation des ressources pour l'avenir. Le développement actuel d'une ressource peut générer des revenus courants. Ces revenus sont la voix des consommateurs actuels. Mais, le potentiel de plus grands revenus dans l'avenir plaide pour la conservation. Le gain potentiel que représente l'augmentation prévue du prix de la ressource est la voix des consommateurs futurs. Les propriétaires privés sont encouragés à équilibrer ces deux forces.

Chaque fois que l'anticipation de la valeur future d'une ressource est plus forte que sa valeur courante, les propriétaires privés gagnent en conservant la ressource pour les consommateurs futurs. Cela reste vrai même si le propriétaire courant ne s'attend pas à y être lorsque les bénéfices escomptés se concrétiseront. Par exemple, supposons qu'un horticulteur de 65 ans se demande s'il devrait ou non couper ses sapins du nord. Si l'on s'attend à ce que les recettes des ventes futures dépassent la valeur courante des arbres grâce à leur croissance et à leur rareté, le fermier gagnera en conservant ses arbres pour l'avenir. Si les droits de propriété sont transférables, la valeur marchande de la terre du fermier augmente en vue de la récolte future des arbres arrivés à maturité, et à mesure que le jour de la récolte approche. Donc, le fermier peut vendre les arbres (ou la terre avec les arbres) et accaparer la valeur n'importe quand, même si la récolte réelle n'a pas lieu avant sa mort.

On peut illustrer la fonction de conservation que remplit la propriété privée en examinant les différents systèmes de droits de propriété qui s'appliquent aux animaux. Les animaux comme le bétail, les chevaux, les lamas, les dindes et les autruches, qui sont la propriété privée de quelqu'un, sont conservés pour l'avenir. Par contre, c'est l'absence de propriété privée qui a mené à l'exploitation excessive d'animaux tels que le buffle, la baleine et le castor.

Les approches contrastantes de la conservation des éléphants en Afrique offre aussi des preuves instructives sur l'importance de la propriété privée. Au Kenya, les éléphants se promènent librement sur un terrain non clôturé ; ils n'appartiennent à personne. Le gouvernement du Kenya tente de protéger les éléphants des braconniers à la recherche d'ivoire, en interdisant tout usage commercial de l'éléphant, excepté pour le tourisme. Pendant la première décennie au cours de laquelle cette politique a été appliquée, la population des éléphants du Kenya a baissé de 65 000 à 19 000. D'autres pays d'Afrique centrale et de l'est qui ont suivi une approche semblable ont subi une baisse semblable de leur population d'éléphants. Par contre, le Zimbabwe permet la vente libre de l'ivoire et de la peau d'éléphant, mais assigne des droits de propriété privée aux habitants sur la terre desquels l'éléphant erre. Depuis l'assignation de droits de propriété privée dans le cas des éléphants, le Zimbabwe a vu croître sa population d'éléphants de 30 000 à 43 000. Les populations d'éléphants dans les pays qui ont

adopté une approche semblable à celle-ci — le Bots-
wana, l'Afrique du Sud, le Malawi et la Namibie —
augmentent aussi (pour plus de détails à ce sujet, voir
Randy Simmons et Urs Kreuter, « Herd Mentality :
Banning Ivory Sales Is No Way to Save the Elephant »,
Policy Review (Automne 1989), p. 46-49).

Depuis des siècles, les prophètes de malheur pré-
tendent que nous allons manquer d'arbres, de minéraux
essentiels, ou de certaines sources d'énergie. En Angle-
terre au 16e siècle, on craignait que le bois vienne à manquer, car l'utilisation de cette ressource comme source
d'énergie était fort répandue. Mais une hausse des prix
du bois vint encourager la conservation et mena au développement du charbon. La « crise du bois » disparut bien
vite. Au milieu du 19e siècle, de sombres prédictions sur-
girent d'après lesquelles il y aurait bientôt un manque de
graisse de baleine, alors la principale source d'éclairage
artificiel. À mesure que le prix de la graisse de baleine
augmentait, les pressions pour trouver une autre source
d'énergie augmentèrent aussi. Cela mena au développement du kérosène et à la fin de la « crise de la baleine ».

Plus tard, lorsque les gens se mirent à utiliser le
pétrole, de sombres prédictions à propos de l'épuise-
ment de cette ressource se répandirent aussitôt qu'elle
fut développée. On peut se faire une idée à quel point les
premières estimations des réserves de gaz naturel sous-
estimèrent systématiquement les réserves potentielles à
partir du discours présidentiel du Dr Campbell Watkins
à l'*International Association for Energy Economics* en
1992. Watkins remarqua qu'en 1957 les estimations des

réserves totales de gaz naturel pour l'Alberta étaient de 75 trillions de pieds cubes. En 1985, en dépit de la consommation, on estima les réserves restantes à 149 trillions de pieds cubes. En 1987 la réserve estimée fut ajustée à la hausse à 170 trillions de pieds cubes et le chiffre de 1992 donnait près de 200 trillions de pieds cubes. En d'autres mots, loin de venir à manquer de gaz naturel, le Canada, avec le temps, en a en fait découvert plus encore.

Les prophètes de malheur négligent de reconnaître que la propriété privée offre une forte incitation aux gens à conserver une ressource de valeur et à chercher des substituts lorsque la rareté relative de la ressource augmente. Avec la propriété privée, si la rareté d'une ressource augmente, le prix de la ressource augmente. C'est la hausse du prix qui incite les producteurs, les inventeurs, les ingénieurs et les entrepreneurs *a)* à conserver la ressource, *b)* à chercher assidûment des substituts, et *c)* à développer de nouvelles méthodes pour découvrir et recouvrer de plus grandes quantités de la ressource. Jusqu'à présent, ces forces ont reculé le jour de vérité de plus en plus loin dans l'avenir. Pour ce qui est des ressources privées, il y a toutes les raisons de croire qu'elles continueront à le faire.

Les gens qui n'ont pas réfléchi à fond à ce sujet associent souvent la propriété privée avec l'égoïsme. Ce qui est paradoxal puisqu'en réalité il s'agit presque du contraire. La propriété privée *a)* offre une protection contre des gens égoïstes qui iraient prendre ce qui ne leur appartient pas, et *b)* force les utilisateurs de ressources à subir entièrement le coût de leurs actions. Lorsque les droits de propriété sont bien définis, stables et transférables, les

Les preuves empiriques indiquent que la plupart des prix des ressources naturelles, ajustés pour l'inflation, ont, en fait, baissé depuis des décennies et, dans la plupart des cas, depuis des siècles. L'étude classique de Harold Barnett et de Chandler Morris, *Scarcity and Growth : The Economics of Natural Resource Availability* (Baltimore : The John Hopkins University Press, 1963) démontre ce point. Les mises à jour de cette oeuvre, ainsi que les ajouts qui y ont été faits, indiquent que les prix de ressources continuent à baisser. En 1980, l'économiste Julian Simon fit un pari avec Paul Erlich, un environnementaliste apocalyptique, sur le fait que le prix ajusté pour l'inflation de cinq ressources naturelles qu'Erlich choisirait baisserait durant les années 1980. En effet, les prix des cinq ressources choisies par Erlich baissèrent, et Simon gagna le pari fort publicisé. Une étude récente a trouvé que, parmi 38 ressources naturelles principales, le prix de seulement deux, le manganèse et le zinc, a augmenté, et ceci après avoir ajusté les prix pour l'inflation durant les années 80 (voir Stephen Moore, « So Much for "Scarce Resources" », *Public Interest*, Hiver 1992).

fournisseurs de biens et de services doivent offrir aux propriétaires de ressources au moins autant qu'ils seraient capables de recevoir ailleurs. Les employeurs ne peuvent pas prendre et utiliser des ressources rares sans dédommager leurs propriétaires. Les propriétaires de ressources doivent être payés suffisamment pour qu'ils soient détournés des autres utilisateurs potentiels.

Essentiellement, des droits de propriété privée bien définis éliminent l'utilisation de la violence comme arme concurrentielle. Un producteur de qui vous n'achetez pas n'a pas le droit de brûler votre maison. De même, le fournisseur de ressources à qui vous faites concurrence et dont les prix sont plus élevés que les vôtres n'a pas le droit de crever les pneus de votre auto ou de vous menacer.

La propriété privée contribue à disséminer le pouvoir et augmente le nombre d'activités basées sur le consentement volontaire. Le pouvoir accordé par la propriété privée est fort limité. Les propriétaires de commerces privés sont incapables de vous forcer à travailler pour eux ou à acheter leurs produits. Ils ne peuvent pas imposer une taxe sur vos revenus ou sur votre propriété. Ils ne peuvent acquérir une partie de votre revenu qu'en vous donnant en échange quelque chose qui, selon vous, a plus de valeur. Le pouvoir, même celui du propriétaire le plus riche ou de l'entreprise la plus grande, est limité par la concurrence que lui font d'autres personnes, prêtes à offrir des biens ou des services semblables.

Par contre, comme l'expérience en Europe de l'Est et dans l'ex-URSS l'a démontré, lorsque la propriété privée est remplacée par la propriété publique, un énorme pouvoir politique et économique est conféré à une petite poignée d'hommes politiques. Une des principales vertus de la propriété privée est sa capacité d'arrêter la concentration excessive du pouvoir économique. La possession répandue de la propriété privée est l'ennemi de la tyrannie et de l'abus de pouvoir.

Donc, ce que doivent faire les anciens pays socialistes est clair. Comme l'a dit récemment le lauréat du prix Nobel, Milton Friedman, le meilleur programme pour l'Europe de l'Est peut se résumer « en trois mots : privatiser, privatiser, privatiser ».[1] La propriété privée est la pierre angulaire aussi bien du progrès économique que de la liberté individuelle.

---

1. Milton Friedman, *Economic Freedom, Human Freedom, Political Freedom,* discours du 1er novembre 1991 à la California State University, Hayward.

2

La liberté d'échanger : les politiques qui réduisent le volume d'échange retardent le progrès économique.

L'ÉCHANGE VOLONTAIRE EST UNE FORME DE COOpération sociale. Cela permet aux deux parties de recevoir plus de ce qu'elles veulent. Dans le contexte du marché, ni l'acheteur ni le vendeur n'est obligé d'échanger. C'est l'attente de gains personnels qui incite l'un et l'autre à conclure un échange.

Comme nous l'avons dit auparavant, l'échange permet de réaliser des gains sociaux : on peut atteindre ainsi des niveaux de production et de revenu plus élevés qu'autrement. Lorsque les gouvernements imposent des entraves qui limitent la coopération à travers l'échange, ils étouffent le progrès économique.

Les pays rendent l'échange difficile de plusieurs façons. Premièrement, beaucoup de pays imposent des règlements qui limitent l'entrée dans divers métiers et occupations. Si vous voulez établir un commerce ou offrir un service, vous devrez remplir des formulaires, recevoir la permission de différents services gouvernementaux, montrer que vous êtes qualifié, indiquer que vous avez des fonds suffisants et vous conformer à d'autres exigences réglementaires. Certains fonctionnaires refuseront votre requête à moins que vous ne soyez prêts à payer un pot-de-vin ou à faire une contribution aux fonds publics. Hernando De Soto, dans son livre révélateur *The*

Other Path, découvrit qu'à Lima, au Pérou, il fallait que cinq personnes travaillent 289 jours à temps plein afin de satisfaire aux exigences des règlements requis pour établir légalement un petit commerce de vêtements. De plus, durant le processus, dix pots-de-vin furent sollicitées et, à deux reprises, il fut nécessaire de payer afin de recevoir la permission d'opérer «légalement». Souvent, si votre financement comprend des capitaux étrangers, il y a un labyrinthe additionnel de réglementations à suivre. Inutile de dire que des politiques de ce genre étouffent la concurrence commerciale, encouragent la corruption politique et poussent les gens décents vers le marché noir (ce que De Soto appelle l'économie «informelle»).

Deuxièmement, les pays étouffent l'échange lorsqu'ils substituent à l'Etat de droit le pouvoir politique discrétionnaire. Plusieurs pays ont l'habitude d'adopter des lois pompeuses qui accordent aux administrateurs politiques d'importants pouvoirs d'interprétation et d'importants pouvoirs discrétionnaires. Par exemple, au milieu des années 80 les douaniers du Guatemala reçurent la permission de renoncer aux tarifs s'ils pensaient que c'était dans le meilleur intérêt national d'en faire ainsi. Les législations de ce genre invitent les fonctionnaires à solliciter des pots-de-vin. Cela crée de l'incertitude par rapport aux règlements et rend l'activité commerciale plus coûteuse et moins attrayante, spécialement pour les honnêtes gens. La structure du système légal doit être précise, sans ambiguïtés et dépourvue de discrimination. Si elle ne l'est pas, il existera d'importantes sources d'obstruction qui retarderont la réalisation des gains de l'échange.

Troisièmement, beaucoup de pays imposent des contrôles de prix qui étouffent l'échange. Quand le prix d'un produit est fixé légalement au-dessus du prix du marché (du prix d'équilibre), les acheteurs achèteront moins d'unités et la quantité échangée baissera. D'autre part, si le prix est fixé en-dessous du prix du marché, les fournisseurs ne seront pas disposés à produire autant d'unités. Cela réduira aussi la quantité échangée. En termes d'unités produites et vendues, il importe peu que les contrôles de prix les poussent vers le haut ou vers le bas ; dans les deux cas, il y aura une réduction du montant échangé, et une diminution des gains de production et d'échange réalisés.

L'échange est productif ; il nous aide à obtenir plus à partir des ressources disponibles. Les politiques qui obligent les marchands à franchir toutes sortes d'obstacles sont généralement contreproductives, même lorsqu'elles sont supposées protéger l'industrie domestique. En fait, elles reviennent à se faire du tort à soi-même. Pour qu'un pays puisse réaliser son plein potentiel, les restrictions qui limitent l'échange et haussent les coûts de conclusion des affaires doivent être maintenues à un minimum. La capacité d'offrir un service que d'autres veulent bien acheter (volontairement) est la preuve que l'activité est productive. Le marché est le meilleur régulateur.

3

Les marchés concurrentiels : La concurrence encourage l'utilisation efficace des ressources et fournit une stimulation soutenue à l'innovation.

> La concurrence encourage l'amélioration continuelle de
> l'efficacité industrielle. Elle mène… les producteurs à élimi-
> ner le gaspillage et à réduire leurs coûts afin de se rendre
> plus concurrentiels vis-à-vis de leurs compétiteurs. Elle éli-
> mine ceux dont les coûts restent élevés et donc elle agit de
> façon à concentrer la production chez les plus efficaces.[1]
>
> Claire WILCOX

IL Y A CONCURRENCE LORSQU'IL Y A LIBERTÉ d'entrer dans un marché et qu'il y a différents vendeurs dans le marché. La concurrence peut exister entre parmi des entreprises qui produisent à petite échelle ou à grande échelle. Des firmes rivales peuvent se faire concurrence dans les marchés locaux, régionaux, nationaux ou même dans le marché global. La concurrence est l'âme même d'une économie de marché.

La concurrence met de la pression sur les producteurs pour qu'ils produisent de façon efficace et qu'ils pourvoient aux goûts des consommateurs. La concur-

---

1. Claire Wilcox, *Competition and Monopoly in American Industry*, monograph no. 21, Temporary National Economic Committee, Investigation of Concentration of Economic Power, 76th Congress, 3rd Session, Washington (D.C.), U.S. Government Printing Office, 1940 (traduit par C. Brooks).

rence extirpe ceux qui sont inefficaces. Les entreprises incapables d'offrir aux consommateurs des biens de
qualité à des prix concurrentiels subissent des pertes et
sont éventuellement chassées du marché. Les concurrents, pour réussir, doivent surpasser les entreprises rivales. Ils y arrivent par toutes sortes de moyens — la
qualité du produit, le style, le service, un bon emplace-
ment, la publicité et le prix — mais ils doivent toujours
offrir aux consommateurs autant ou plus de valeur qu'il
est possible d'en obtenir ailleurs.

Qu'est-ce qui empêche McDonald's, General Motors,
ou n'importe quelle autre entreprise, d'augmenter ses
prix, de vendre de la marchandise de pacotille, et d'offrir
un mauvais service ? La concurrence. Si McDonald's
n'offre pas un hamburger à un prix attrayant (et avec le
sourire), les gens iront chez Burger King, Wendy's ou un
autre concurrent. Comme l'ont démontré de récents évé-
nements, même une compagnie aussi importante que
General Motors doit tenir compte de ses concurrents,
Ford, Honda, Toyota, Chrysler, Volkswagen, Mazda et
d'autres manufacturiers d'automobiles, ou risquer
perdre des consommateurs.

La concurrence incite les producteurs à développer
des produits améliorés et à découvrir des méthodes de
production moins coûteuses. Personne ne sait précisément quels sont les produits dont voudront les consommateurs, ou quelles techniques de production permettront de minimiser les coûts unitaires de production. La concurrence nous aide à découvrir les réponses.
Cette nouvelle idée, visionnaire, est-elle la meilleure depuis la venue du *fast-food* ? Ou est-elle simplement un
autre rêve qui se dissipera bientôt ? Les entrepreneurs

sont libres d'introduire un nouveau produit innovateur ou une technologie prometteuse de production ; ils ne requièrent que le soutien d'investisseurs prêts à investir les fonds nécessaires. L'approbation des planificateurs de l'État, d'une majorité législative, ou de concurrents, n'est pas requise dans une économie de marché. Néanmoins, les entrepreneurs, et les investisseurs qui les soutiennent, restent redevables grâce à la concurrence ; leurs idées doivent faire face à un « test de réalité » que leur imposent les consommateurs. Si les consommateurs trouvent l'idée novatrice assez valable pour couvrir le coût de ce bien ou de ce service, le nouveau commerce prospérera et aura du succès. Par contre, si les consommateurs ne sont pas prêts à cela, le commerce sera voué à l'échec. En fin de compte, les consommateurs sont le juge et le jury de l'innovation et de la performance d'une entreprise.

Les producteurs qui désirent survivre dans un environnement concurrentiel ne peuvent se permettre d'être satisfaits d'eux-mêmes. Le produit qui réussit sur le marché aujourd'hui ne parviendra peut-être pas à passer le défi de la concurrence demain. Afin de réussir dans un marché concurrentiel, les entreprises doivent être capables de bien anticiper, d'identifier et d'adopter rapidement des idées améliorées.

La concurrence permet aussi de découvrir la sorte de structure commerciale et la grandeur d'entreprise qui maintiennent bas les coûts unitaires du produit ou du service. Contrairement aux autres systèmes économiques, une économie de marché ne prescrit pas, et ne limite pas, les sortes d'entreprises qui peuvent se faire concurrence. N'importe quelle forme d'organisation

commerciale est permise. Une firme dirigée par son propriétaire, une société en nom collectif, une société ano-
nyme, une firme dirigée par ses employés, une
coopérative, une société communale, ou n'importe
quelle autre organisation commerciale est libre d'entrer
dans le marché. Afin de réussir, elle doit seulement passer un test : être efficace par rapport au coût de la production. Si une forme d'organisation commerciale, telle
qu'une société ou une entreprise dirigée par ses employés, est capable de réaliser un coût unitaire très bas
dans un marché donné, elle sera portée à survivre. Inversement, une structure commerciale qui aboutit à un
coût unitaire de production élevé sera éliminée du marché concurrentiel.

Il en est de même en ce qui à trait la grandeur de
l'entreprise. Pour certains produits, un commerce doit
être assez grand afin de pleinement tirer avantage des
économies d'échelle. Lorsque les prix unitaires baissent
à mesure que la production augmente, les petites entreprises ont tendance à avoir des coûts de production plus
élevés (et donc des prix plus élevés) que leurs homo-
logues plus grandes. Quand il en est ainsi, les consommateurs, interessés à maximiser la valeur pour leur argent,
ont tendance à acheter au prix plus bas de l'entreprise la
plus grande. La plupart des petites entreprises disparaî-
tront éventuellement du marché. De plus grandes entreprises, généralement organisées en corporations, ont
tendance à survivre dans de tels marchés. Les industries
de l'automobile et de l'aéronautique illustrent ces ten-
dances.

Dans d'autres circonstances, de petites entreprises,
souvent dirigées par leurs propriétaires ou des partena-

riats, sont plus efficaces du point de vue du coût. Lorsque les consommateurs accordent une grande importance au service et au produit individualisés, il peut être difficile pour de grandes entreprises de faire concurrence. Dans ces circonstances, ce sont les petites entreprises qui survivent. Par exemple, c'est généralement le cas pour les bureaux d'avocats et les cabinets de médecins, les ateliers d'imprimerie, et les salons de coiffure. Une économie de marché permet l'étude des coûts et l'interaction entre les producteurs et les consommateurs qui déterminent la sorte et la grandeur de l'entreprise dans chaque marché.

Lorsque les entreprises à grande échelle ont des coûts moins élevés, il est particulièrement important que les nations ne limitent pas la concurrence avec les producteurs étrangers et n'empêchent pas les entreprises domestiques de vendre à l'étranger. C'est d'importance vitale pour les petits pays. Par exemple, puisque le marché domestique d'un pays comme la Corée du Sud est petit, un manufacturier coréen d'automobiles aurait des coûts unitaires extrêmement élevés s'il ne pouvait pas vendre ses automobiles à l'étranger. De même, les consommateurs domestiques dans de petits pays auraient à payer des prix excessivement élevés pour une automobile s'il ne leur était pas permis d'acheter de producteurs étrangers qui produisent sur une grande échelle et à des coûts moins élevés.

En bref, la concurrence harnache l'intérêt personnel et le met au travail pour augmenter notre niveau de vie. Comme l'a dit Adam Smith dans sa *Recherche sur la nature et les causes de la richesse des nations* (1776), les individus sont incités à rechercher leurs propres intérêts.

Nous ne comptons pas sur la bienveillance du boucher, du brasseur, du boulanger pour nous fournir notre repas, mais sur le fait qu'ils considèrent leur propre intérêt. Nous ne faisons pas appel à leur sentiment humanitaire mais à leur amour d'eux-mêmes, nous ne leur parlons jamais de nos besoins mais de leurs intérêts.[1]

Dans un environnement concurrentiel, même les individus égocentriques et les entreprises recherchant à maximiser leurs profits sont fortement incités à servir les intérêts des autres et à offrir aux consommateurs au moins autant de valeur qu'ils sont capables de recevoir ailleurs. Ceci est le chemin qui mène à de plus grands revenus et profits. Cela peut sembler paradoxal mais l'égocentrisme — une caractéristique que bien des gens déplorent — est une source puissante de progrès économique quand elle est soumise aux ordres de la concurrence.

---

1. Adam Smith, *Recherche sur la nature et les causes de la richesse des nations*, p. 18 [traduit par T. Scotto].

4

Un marché financier efficace : pour qu'une nation puisse réaliser son potentiel, il doit y avoir un mécanisme capable d'allouer les capitaux aux projets qui génèrent de la richesse.

L A CONSOMMATION EST LE BUT DE TOUTE PRO-
duction. Par contre, nous pouvons parfois augmenter notre production de biens de consommation en utilisant d'abord des ressources pour produire
des machines, de l'outillage et des édifices, et en appli-
quant ensuite ces ressources de capital à la production
des biens de consommation désirés. C'est pourquoi l'investissement — la construction et le développement de
ressources de longue durée, dont le sens est de nous aider à produire davantage à l'avenir — est une source po-
tentielle importante de croissance économique.

Les ressources utilisées pour produire des biens
d'investissement ne seront pas disponibles pour la production directe de biens de consommation. Donc, l'investissement requiert l'épargne, c'est-à-dire le sacrifice
de la consommation courante. Quelqu'un — soit l'investisseur soit quelqu'un qui est prêt à offrir des fonds à
l'investisseur — doit épargner afin de financer l'investissement. Les fonds ne peuvent pas être investis à moins
qu'ils ne soient épargnés.

Ce ne sont pas tous les projets d'investissement qui
créeront de la richesse. Pour qu'un projet d'investisse-

ment augmente la richesse d'un pays, la valeur de la production additionnelle qui découle de l'investissement doit être supérieure au coût de l'investissement. Inversement, lorsque la valeur de la production additionnelle est inférieure au coût de l'investissement, le projet est antiéconomique. Les projets de ce type réduisent la richesse. Pour qu'un pays réalise son potentiel, il a besoin d'un mécanisme capable d'attirer des épargnes et de les canaliser dans des projets d'investissement qui créent de la richesse.

Dans une économie de marché, le marché financier remplit cette fonction. Ce marché fort diversifié comprend le marché des actions, de l'immobilier et des commerces, aussi bien que le marché des fonds disponibles. Les institutions financières telles que les banques, les compagnies d'assurances, les fonds communs de placements et les sociétés d'investissement jouent un rôle important dans ce marché. Le marché financier coordonne les actions des épargnants, qui offrent des fonds au marché, avec celles des investisseurs, qui recherchent des fonds pour financer toutes sortes d'activités commerciales. Les investisseurs privés sont fort incités à évaluer avec soin les projets et à rechercher des projets profitables. Les investisseurs, qu'ils soient actionnaires, partenaires dans un commerce ou propriétaires d'une petite entreprise, recherchent et entreprennent des opérations rentables, car de tels investissements augmenteront leur richesse personnelle. Les investissements rentables créent généralement de la richesse. Un projet sera rentable si les revenus qui découlent de l'augmentation de la production surpassent les coûts de l'investissement. Le fait que les revenus sont plus grands que les coûts de l'investissement est la preuve que les gens attachent plus d'importance à la production de l'investissement qu'aux ressources requises pour produire le bien. Donc, les investissements rentables ont tendance à faire augmenter non seulement la richesse de l'investisseur, mais aussi la richesse du pays.

Bien sûr, dans un monde plein d'incertitudes, les investisseurs privés vont parfois faire des erreurs ; parfois ils entreprennent des projets qui ne sont pas profitables. Si les investisseurs n'étaient pas prêts à prendre des risques, bien des nouvelles idées ne seraient jamais testées, et bien des projets, qui valent la peine mais représentent un risque, ne seraient jamais entrepris. La méprise dans l'investissement est le prix qu'il faut payer pour la réalisation d'innovations rentables dans de nouvelles technologies et de nouveaux produits. Cependant, on doit mettre fin aux projets qui ne mènent à rien. Le marché financier garantit qu'il en sera ainsi. Les investisseurs privés ne continueront pas à gaspiller leurs fonds sur des projets qui ne sont ni rentables ni productifs.

Sans marché financier privé, il est quasiment impossible d'attirer les fonds et de les canaliser régulièrement vers des projets qui créent de la richesse. Lorsque les fonds d'investissement sont affectés par le gouvernement plutôt que le marché, un tout autre ensemble de critères entre en jeu. Le poids politique remplace l'attente de profits comme critère pour affecter les fonds. Les fonds d'investissement seront souvent canalisés vers les supporters politiques et les projets qui profitent aux individus et aux groupes ayant un poids politique.

Lorsque la politique remplace les marchés, les projets d'investissements réduisent souvent la richesse plutôt que de l'accroître. L'expérience de l'Europe de l'Est et de l'ex-URSS le démontre. Pendant quatre décennies (1950-1990), les taux d'investissement dans ces pays étaient parmi les plus élevés au monde. Les planificateurs de l'État affectèrent à peu près le tiers du produit national à l'investissement. Cependant, même ces taux élevés d'investissement n'améliorèrent pas beaucoup le niveau de vie, car des critères politiques plutôt qu'économiques déterminaient quels projets recevaient des fonds. Les ressources étaient souvent gaspillées en pots-de-vin politiques et en investissements très visibles que favorisaient les chefs politiques importants. Parfois les gouvernements fixent les taux d'intérêts et entravent ainsi la capacité des marchés de canaliser les épargnes personnelles vers les projets qui créeront de la richesse. C'est encore pire lorsqu'un plafond sur le taux d'intérêt est combiné avec une politique monétaire inflationniste. Le taux d'intérêt ajusté pour l'inflation — ce que les économistes appellent le « taux d'intérêt réel » — est alors souvent négatif ! Lorsque le taux d'intérêt légiféré par le gouvernement est inférieur au taux d'inflation, la richesse des gens qui épargnent baisse. Leurs épargnes et l'intérêt qu'ils touchent leur permettront d'acheter de moins en moins avec le temps. Dans de telles circonstances, il existe peu de raisons d'épargner et de fournir des fonds au marché financier domestique. Il y aura une fuite de capitaux, car les investisseurs domestiques chercheront des rendements positifs à l'étranger et les investisseurs étrangers éviteront complètement le pays. De telles politiques détruisent le marché domestique du capital. Le manque de capital financier et l'absence d'un moyen pour diriger l'investissement vers des projets qui créent de la richesse, fait en sorte qu'il n'y a plus d'investissement productif qui se fait dans de tels pays. Les revenus stagnent et même régressent.

TABLEAU 1

Marchés financiers, taux d'intérêt réels et croissance du PNB par habitant dans certains pays en développement

PAYS AYANT DES TAUX D'INTÉRÊT RÉEL NÉGATIFS	TAUX D'INTÉRÊT RÉEL		TAUX DE CROISSANCE ANNUELLE DU PNB PAR HABITANT, 1980-1990
	1983-85	1988-90	
Argentine	-163	-1 179	-1,7
Zambie	-16	-77	-2,8
Somalie	-35	-69	-0,7
Uganda	-74	-65	-0,3
Sierra Leone	-37	-41	-0,9
Équateur	-19	-21	-0,4
Ghana	-46	-15	-0,4
Tanzanie	-21	-12	-0,3

Note : Le taux d'intérêt réel est égal au taux d'intérêt nominal sur les dépôts pour un an, moins le taux d'inflation.

Source : Banque mondiale, *Rapport sur le développement du monde (annuel)* et *World Tables : 1990-92 edition.*

Comme l'illustre le tableau 1, l'Argentine, la Zambie, la Somalie, l'Uganda, le Sierra Leone, l'Équateur, le Ghana et la Tanzanie ont suivi ce chemin pendant les années 80. Chacun de ces pays a fixé le taux d'intérêt et suivi une politique monétaire expansionniste. Il s'ensuivit que le taux d'intérêt ajusté pour l'inflation — le rendement réel sur les épargnes — était négatif pendant la majeure partie des années 80 dans chacun de ces pays ! Leur taux de croissance l'était aussi. Ces pays ont suivi des politiques dévastatrices pour le mécanisme qui normalement offre des fonds aux investisseurs privés potentiels et canalise ces fonds vers les projets qui créent de la richesse. Sans ce mécanisme qui joue un rôle vital, ces pays ont régressé pendant les années 80. Les pays qui détruisent leur marché financier paient un prix élevé pour leur folie.

5

La stabilité monétaire : les politiques monétaires inflationnistes brouillent les signaux que sont les prix et minent une économie de marché.

E N PREMIER LIEU, L'ARGENT EST UN MOYEN d'échange. Il réduit les coûts de transaction, car il est le dénominateur commun en quoi tous les biens et les services peuvent être convertis. Avec de l'argent, les gens peuvent entreprendre des échanges compliqués qui comportent l'encaissement de revenus ou de paiements sur de longues périodes de temps. L'argent nous offre un moyen par lequel nous pouvons maintenir notre pouvoir d'achat pour usage ultérieur. L'argent est aussi une mesure comptable qui permet de suivre les revenus et les coûts encourus au fil du temps. Cependant, la contribution productive de l'argent est une fonction directe de la stabilité de sa valeur. À cet égard, l'argent est pour l'économie ce qu'est le langage pour la communication. Si les mots ne sont pas bien définis pour l'émetteur comme pour le récepteur, la communication est impossible. Il en est ainsi pour l'argent. Si l'argent n'a pas de valeur stable et prévisible, il sera plus coûteux pour les emprunteurs et les prêteurs de négocier des échanges ; l'épargne et l'investissement comporteront des risques supplémentaires ; et les transactions dont la durée est longue (par exemple, le paiement d'une maison ou d'une automobile sur une période de temps) seront exposés à des dangers additionnels. Quand la valeur de l'argent n'est pas stable, l'échange est remis à plus tard et les gains de la spécialisation, de la production à grande échelle et de la coopération sociale en sont réduits. Il n'existe aucun mystère concernant la cause de l'instabilité monétaire. Comme celle d'autres denrées, la valeur de l'argent est déterminée par l'offre et la demande. Quand la masse monétaire est constante, ou augmente de façon lente et stable, le pouvoir d'achat de la monnaie est relativement stable. Par contre, quand la masse monétaire augmente rapidement et de façon imprévisible par rapport à l'offre des biens et des services, il y a inflation des prix, et le pouvoir d'achat de l'argent diminue. Ceci se passe souvent lorsque les gouvernements impriment de l'argent (ou empruntent de la banque centrale) afin de payer leurs factures. Il arrive souvent aux politiciens de blâmer les commerçants avides, les syndicats puissants, les grandes compagnies de pétrole, ou les étrangers, pour l'inflation. Mais leurs efforts sont une ruse, une tactique de distraction. La théorie économique aussi bien que l'expérience historique indiquent que l'inflation persistante surgit d'une seule source : la croissance rapide de la masse monétaire. Ce phénomène est mis en évidence dans le tableau 2. Les pays qui ont augmenté lentement leur masse monétaire ont eu des taux d'inflation peu élevés durant les années 80. Ce fut le cas pour certains grands pays comme l'Allemagne, le Japon et les États-Unis, aussi bien que pour des petits pays tels que la Suisse, les Pays-Bas, la Côte d'Ivoire et le Cameroun. En revanche, plus la croissance de la masse monétaire d'un pays est élevée, plus le taux d'inflation augmente (voir les données pour le Portugal, le Vénézuela, le Costa

Rica, la Turquie, le Ghana, le Zaïre et le Mexique). Des taux de croissance extrêmement élevés de la masse monétaire provoquent de l'hyperinflation. Les expériences d'Israël, du Pérou, de l'Argentine et de la Bolivie témoignent clairement de ce fait. Un taux de croissance annuel à trois chiffres de la masse monétaire a mené à un taux annuel d'inflation à trois chiffres dans ces pays.

Tous les pays qui ont connu un taux d'inflation peu élevé dans les dernières décennies ont adopté une politique de croissance monétaire contrôlée. Par contre, ceux qui ont fait l'expérience d'une forte inflation ont suivi une politique de croissance monétaire rapide. Ce lien entre une croissance rapide de la masse monétaire et l'inflation est une des relations les plus stables en économie. L'inflation mine la prospérité économique. La planification et les projets d'investissement deviennent extrêmement risqués en contexte d'inflation. Des changements imprévus du taux d'inflation peuvent rapidement transformer en désastre économique personnel un projet qui autrement aurait été profitable. Étant donné l'incertitude additionnelle qui accompagne des taux d'inflation élevés, beaucoup de décideurs choisiront tout simplement de ne pas effectuer certains investissements et d'autres transactions qui requièrent des engagements financiers à long terme. À cause de cela, certains échanges mutuellement bénéfiques n'auront pas lieu et leurs gains potentiels ne seront pas réalisés.

Lorsque les gouvernements causent de l'inflation, les gens consacrent moins de temps à produire, et plus de temps à essayer de protéger leurs richesses. Les individus, réalisant qu'une mauvaise anticipation du taux d'intérêt peut avoir des conséquences néfastes sur leur ri-

TABLEAU 2

Croissance de la masse monétaire et taux d'inflation,
1980-1990

	TAUX ANNUEL DE CROISSANCE DE LA MASSE MONÉTAIRE	TAUX ANNEL D'INFLATION
CROISSANCE LENTE DE LA MASSE MONÉTAIRE		
Pays-Bas	2,8	1,9
Allemagne	4,0	2,7
Côte d'Ivoire	4,1	2,7
Japon	4,9	1,5
États-Unis	5,0	3,7
Suisse	5,1	3,7
Cameroun	5,6	5,6
Canada	5,6	6,3
CROISSANCE RAPIDE DE LA MASSE MONÉTAIRE		
Portugal	13,2	18,2
Vénézuela	16,8	19,3
Costa Rica	22,6	23,5
Ghana	41,8	42,7
Turquie	46,8	43,2
Mexique	61,4	70,4
Zaïre	67,3	60,9
CROISSANCE ULTRARAPIDE DE LA MASSE MONÉTAIRE		
Israël	98,6	101,4
Pérou	157,3	233,7
Argentine	368,9	395,1
Bolivie	444,1	318,4

Source : Banque mondiale, *Rapport sur le développement du monde,*
1992 (tableaux 2 et 13). Le taux de croissance de la masse monétaire est
égal à la croissance nominale de la masse monétaire moins la croissance du PNB réel.

chesse, ont intérêt à sortir les ressources rares de la production de biens et de services et à les utiliser en vue d'acquérir de l'information sur les taux d'inflation futur. La capacité des gestionnaires de prévoir les changements de prix revêt plus de valeur que leur capacité de diriger et d'organiser la production. Les pratiques spéculatives sont encouragées dans la mesure où chacun tente d'être plus fin que son voisin en devinant la direction que prendront les prix. Les fonds affluent vers les investissements spéculatifs que sont l'or, l'argent et les objets d'art, plutôt que vers les investissements productifs comme les édifices, l'outillage et la recherche technologique. Puisque les ressources se déplacent des activités productives aux activités non productives, le progrès économique est retardé.

Mais l'effet le plus nocif de l'inflation est peut-être qu'il érode l'estime et la confiance que les citoyens accordent à leur gouvernement. Au niveau le plus fondamental, les gens s'attendent à ce que le gouvernement protège leur personne et leur propriété contre les intrus qui prendraient ce qui ne leur appartient pas. Lorsque le gouvernement devient lui-même un intrus — lorsqu'il triche avec le citoyen en diluant la valeur de sa monnaie —, comment les gens peuvent-ils être sûr que le gouvernement protègera leur propriété contre d'autres intrusions, fera observer les contrats, ou punira les comportements criminels dépourvus de probité ? Lorsque le gouvernement dilue la monnaie, il n'est pas en mesure de punir, par exemple, un producteur de jus d'orange qui dilue le jus qu'il vend aux consommateurs, ou un commerce qui dilue ses actions (qui émet des actions additionnelles sans la permission des actionnaires). Certains principes généraux sont essentiels à l'établissement d'un régime monétaire stable. Premièrement, si le pays a une banque centrale qui élabore des politiques monétaires, la banque doit *a)* être indépendante des autorités politiques et *b)* être responsable du maintien de la stabilité des prix. La banque centrale la plus indépendante au monde est la Bundesbank allemande. La loi de la Bundesbank de 1957 spécifie que la banque sera indépendante des instructions du gouvernement fédéral. De plus, la Bundesbank est obligée de soutenir les politiques économiques établies par le gouvernement seulement dans la mesure où ce soutien ne nuit pas à sa tâche de préserver la stabilité monétaire. Par contre, les banques centrales des pays d'Amérique latine ont été presque entièrement dépendantes des hauts fonctionnaires. Sous ces régimes, les autorités des banques centrales, qui ne sont pas prêtes à financer les déficits budgétaires en imprimant de l'argent, sont souvent mises à pied et remplacées par d'autres, « plus coopérantes ». Il n'est pas surprenant que la Bundesbank allemande détienne l'une des meilleures performances au monde en ce qui touche la lutte à l'inflation, par opposition aux banques centrales politisées d'Amérique latine qui sont connues pour leurs politiques inflationnistes. Les autorités des banques centrales peuvent être responsables de plusieurs façons. On peut exiger légalement qu'elles maintiennent le taux d'inflation (ou un indice général des prix ou un taux de croissance monétaire) à l'intérieur d'une bande étroite. Un échec peut alors mener à la mise à pied des directeurs de la banque. D'autre part, les salaires du conseil et les fonds d'opération peuvent être liés à leur performance à l'égard du maintien de la stabilité monétaire et des prix.

Certains pays comme Hong Kong et Singapour ont établi une commission de la monnaie comme moyen d'atteindre la stabilité monétaire. La commission de la monnaie établit un taux de change fixe entre la monnaie qu'elle émet et la monnaie de la réserve qu'elle maintient. Sous cet arrangement, la commission est obligée de maintenir 100 % de ses réserves dans des valeurs comme des dollars américains (et des obligations). Essentiellement, l'exigence de 100 % et l'entente, qui permet d'échanger sa monnaie en monnaie étrangère à un taux de change fixe, lie la monnaie domestique à la monnaie étrangère. Donc, le taux d'inflation dans le pays qui possède une commission de la monnaie sera à peu près le même que dans le pays dont les obligations et la monnaie sont tenues en réserve. Il y a plusieurs manières d'assurer la stabilité monétaire et celle des prix, mais on ne peut douter de leur importance comme source de prospérité économique. Sans stabilité monétaire, les gains potentiels de l'augmentation des immobilisations et d'autres échanges qui exigent des engagements pour une période de temps importante se dissiperont, et les gens du pays ne réaliseront pas leur plein potentiel.

6

Les faibles taux d'imposition : les gens produisent plus quand on leur permet de garder une plus grande part de ce qu'ils gagnent.

> Les impôts sont payés par la sueur de chaque personne qui travaille. Si ces impôts sont excessifs, l'on verra des usines qui chôment, des fermes qui se vendent pour payer les taxes, et des hordes de gens affamés qui marchent dans les rues et cherchent futilement du travail.
>
> Franklin ROOSEVELT à Pittsburgh, le 19 octobre 1932.

LORSQUE DES TAUX DE TAXATION ÉLEVÉS CONFISquent une grande part du revenu, il y a moins d'incitations à travailler et à utiliser de façon productive les ressources. Le taux d'imposition marginal — le montant de taxes payées sur chaque part additionnelle de revenu — est particulièrement important. À mesure que le taux d'imposition marginal augmente, la part de revenu supplémentaire que les individus peuvent garder baisse.

Il y a trois raisons pour lesquelles une lourde charge fiscale réduira la production et le revenu. Premièrement, des taux de taxation élevés découragent l'effort au travail et réduisent l'efficacité productive de la main-d'œuvre. Lorsque le taux d'imposition marginal atteint un niveau de 55 % ou de 60 %, les individus retiennent moins de la moitié de ce qu'ils gagnent. Les gens qui n'ont pas l'occasion de garder beaucoup de ce qu'ils gagnent ont tendance à ne pas gagner beaucoup. Certains (par exemple, quelqu'un dont le conjoint travaille) se retireront de la main-d'œuvre. D'autres travailleront tout simplement moins d'heures. D'autres encore décideront de laisser passer l'occasion de travailler des heures supplémentaires, de prendre de plus longues vacances, de prendre leur retraite prématurément, d'être plus exigeant avant de choisir un travail lorsqu'en chômage, ou de ne pas entreprendre des opérations commerciales qui sont prometteuses mais présentent certains risques. Il arrive qu'une lourde charge fiscale chasse les citoyens les plus productifs d'un pays vers d'autres pays où les taxes sont moins élevées. Ces substitutions réduisent l'offre de main-d'œuvre, ce qui provoque une chute de la production.

Une lourde charge fiscale a aussi comme résultat l'utilisation inefficace de la main-d'œuvre. Certains individus remplaceront par des activités moins productives sur lesquelles aucune taxe n'est imposée (comme les projets « *do-it-yourself* ») des occasions de travail rémunéré dont les revenus sont taxés. Il en résulte du gaspillage et de l'inefficacité économique.

Deuxièmement, des taux de taxation élevés réduisent aussi bien la quantité que le rendement du capital d'investissement. Des taux de taxation élevés repoussent l'investissement étranger et incitent les investisseurs domestiques à chercher des projets d'investissement à l'étranger, où les taux de taxation sont moins prohibitifs. Donc, l'augmentation des immobilisations — le combustible de la croissance économique — est remise à plus tard. Les investisseurs domestiques favoriseront les projets qui protègent les revenus de l'année courante de taxation et éviteront les projets dont les rendements sont plus élevés mais offrent moins d'occasions d'éviter de payer de fortes taxes. Les entreprises commerciales qui sont conçues pour montrer des pertes comptables afin d'abriter le revenu du percepteur de taxes deviendront de plus en plus courantes. À cause des bénéfices qu'offrent les abris fiscaux, les gens sont souvent en mesure de bénéficier de projets qui réduisent la valeur des ressources. Du capital rare sera ainsi gaspillé et des ressources seront détournées de leurs utilisations les plus productives.

Troisièmement, les taux marginaux élevés de taxation encouragent les individus à remplacer des biens dont les prix ne peuvent pas être déduits du fardeau d'impôts par d'autres, moins désirés, dont les prix peuvent être déduits des taxes payées par le consommateur. Ici l'inefficacité provient du fait que les individus ne subissent pas l'entièreté du coût des achats qui réduisent leurs impôts. Des taux marginaux élevés de taxation rendent relativement bon marché les dépenses déductibles des taxes pour les personnes qui se trouvent dans la tranche la plus élevée d'imposition. Puisque le coût personnel, mais non pas le coût à la société, est bon marché, les contribuables qui subissent des taux marginaux élevés de taxation dépenseront plus d'argent sur des biens agréables et que l'on peut déduire des taxes, comme de luxueux bureaux, des conférences d'affaires à Hawaï, et une variété de bénéfices supplémentaires (par exemple, une auto de luxe de la compagnie, des divertissements et un plan de pension de la compagnie). Puisque de telles dépenses réduisent leurs taxes, les gens vont souvent acheter ces biens même s'ils ne leurs accordent pas au-

TABLEAU 3
Taux d'imposition marginal
et croissance économique

	TAUX MARGINAL MAXIMUM		TAUX ANNUEL DE CROISSANCE DU PNB PAR HABITANT, 1980-1990
	1984	1989	
PAYS À FORTE FISCALITÉ			
Iran	90	75	-11,2
Maroc	87	87	1,4
Zambie	80	75*	-29,9
République dominicaine	73	73	-0,1
Tanzanie	95	50*	-0,3
Zimbabwe	63	60	-0,5
Zaïre	60*	60*	-1,4
Cameroun	60	60	-0,7
Ghana	60*	55*	-0,4
Taux moyen de croissance			-0,7
PAYS À FAIBLE FISCALITÉ			
Hong Kong	25	25	5,7
Indonésie	35	35	3,7
Île Maurice	30	35	5,0
Singapore	40	33	4,2
Malaisie	45	45	2,6
Taux moyen de croissance			4,2

* Indique que le taux maximum s'applique à un revenu équivalent à moins de 10 000 $.

Source : Les données sur le taux d'imposition marginal proviennent de Price Waterhouse (*Individual Tax Rates*, 1984-1989). Les données sur le taux de croissance proviennent de la Banque mondiale (*Rapport sur le développement du monde, 1992*).

tant de valeur que le coût associé à leur production. Le gaspillage et l'inefficacité sont les sous-produits de cette structure d'incitations.

En bref, l'analyse économique indique qu'une lourde charge fiscale réduit l'activité productive, remet à plus tard l'augmentation des immobilisations et encourage une mauvaise utilisation des ressources. On peut prévoir que le revenu d'un pays qui impose des taux marginaux élevés de taxation tombera en-dessous de son niveau de production potentiel.

Comme le démontre le tableau 3, plusieurs pays en voie de développement imposent des taux marginaux de taxation excessivement élevés et ces taux s'appliquent souvent à des niveaux de revenus fort bas. Par exemple, en 1989 la Tanzanie imposa une taxe de 50 % sur quasiment tout revenu personnel. Donc, les gens ne purent garder que la moitié de ce qu'ils gagnaient. De même, les gens qui touchaient des revenus équivalant à moins de 10 000 $ américains firent face à des taux de taxation marginaux se situant entre 55 % et 75 % en Zambie, au Ghana et au Zaïre. Des taux de taxation marginaux maximaux de 60 % et plus furent imposés en Iran, au Maroc, en République Dominicaine, au Zimbabwe et au Cameroun. Il n'est pas surprenant alors que, dans ces pays à taux de taxation très élevé, le produit intérieur brut (PIB) moyen réel par habitant ait baissé durant les années 80. Seulement un des pays où les taxes étaient élevées (le Maroc) fut capable de réaliser une croissance économique durant cette décennie.

Par contre, les taux marginaux de taxation étaient beaucoup moins élevés dans les cinq pays en voie de développement suivants : à Hong Kong, en Indonésie, à l'Ile Maurice, à Singapour et en Malaisie. Ces pays, où le niveau d'imposition était peu élevé, ont connu une croissance économique rapide. Leur PIB réel par tête a cru à un taux annuel de 4,2 % durant les années 80. Des taux de taxation élevés forment un obstacle à la prospérité et à la croissance du revenu. Les gouvernements qui tiennent à promouvoir la prospérité se doivent de maintenir le fardeau fiscal peu élevé, surtout à la marge.

7

Le libre-échange : une nation peut bénéficier de la vente des biens qu'elle est capable de produire à un coût relativement bas et utiliser les recettes pour acheter les choses qu'elle ne peut produire qu'à un coût élevé.

> Le libre-échange consiste simplement à laisser les gens acheter et vendre comme ils veulent acheter et vendre… Les tarifs protectionnistes sont essentiellement des blocus, et leur but est le même : empêcher l'échange. La différence est que les blocus sont un moyen par lequel les pays essaient d'empêcher le commerce avec leur ennemi ; les tarifs protectionnistes sont un moyen par lequel les gouvernements essaient d'empêcher leurs propres peuples de conclure des marchés.[1]

Henry GEORGE (1886)

LES PRINCIPES DONT IL EST QUESTION EN COMmerce international sont fondamentalement les mêmes que ceux qui caractérisent n'importe quelle autre sorte d'échange volontaire : l'échange permet à chaque partenaire de produire et de consommer plus qu'il n'en serait autrement capable. Voici trois raisons expliquant pourquoi il en est ainsi.

---

1. Henry George, *Protection or Free Trade*, 1886, New York, Robert Schalkenbach Foundation, réédition : 1980, p. 47.

Premièrement, avec l'échange international le peuple de chaque nation peut utiliser plus de ses ressources pour produire et vendre les choses qu'il fait bien et employer les recettes qui en découlent pour acheter les biens qu'il ne peut produire qu'à un coût élevé. La combinaison des ressources productives diffère beaucoup d'un pays à l'autre. Ces différences influencent les prix. Des biens qui sont relativement chers à produire dans un pays peuvent être produits de façon économique dans d'autres pays. Le peuple de chaque pays a avantage à se spécialiser dans la production de biens qui ont un coût relativement bas. Par exemple, les pays dotés de climats chauds et humides, tels que le Brésil et la Colombie, trouvent avantageux de se spécialiser dans la production du café. Les peuples de pays tels que le Canada et l'Australie, où la terre est abondante et la population éparse, ont tendance à se spécialiser dans la production de biens qui requièrent beaucoup d'espace, comme le blé, le fourrage et le bétail. Par contre, au Japon, où la terre est rare et où il y a une main-d'œuvre très spécialisée, les Japonais se spécialisent dans la manufacture de biens tels que les caméras, les automobiles et les produits électroniques destinés à l'exportation. À cause de cette spécialisation et de cet échange, la production totale augmente et le peuple de chaque pays est capable d'atteindre un niveau de vie plus haut qu'il ne serait capable autrement.

Deuxièmement, l'échange international permet aux producteurs domestiques comme aux consommateurs de réaliser des réductions dans les coûts unitaires qui accompagnent souvent la production, le marketing et la distribution à grande échelle. Ceci est particulièrement important pour les petits pays. Avec l'échange, les producteurs domestiques peuvent opérer sur une grande échelle et donc assumer des coûts unitaires plus bas qu'il ne serait possible s'ils dépendaient uniquement du marché domestique. Ainsi, les manufacturiers de textiles à Hong Kong, à Taïwan et en Corée du Sud auraient des coûts unitaires beaucoup plus élevés s'ils n'étaient pas capables de vendre à l'étranger. Le marché domestique des textiles dans ces pays serait trop petit pour soutenir la concurrence de grandes compagnies ayant des coûts de production unitaire peu élevés dans cette industrie. Avec l'échange international cependant, les firmes de ces pays sont capables de produire (et de vendre) de grandes quantités et de concurrencer fort efficacement les autres entreprises sur le marché mondial.

Le commerce international avantage aussi les consommateurs domestiques en leur permettant d'acheter les biens de producteurs étrangers qui produisent à grande échelle. L'industrie aéronautique illustre clairement cet argument. Étant donné les coûts faramineux du développement et de l'ingénierie, les marchés domestiques de presque tous les pays sont substantiellement plus petits que la masse requise pour la production efficace d'avions à réaction. Avec le commerce international cependant, les consommateurs du monde entier peuvent se procurer des avions à prix abordables de producteurs à grande échelle, comme Boeing ou McDonnell-Douglas.

Troisièmement, le commerce international encourage la concurrence dans les marchés domestiques et permet aux consommateurs d'acheter une grande variété de biens à des prix acceptables. La concurrence de l'étranger aide à garder les producteurs sur le qui-vive. Elle les force à améliorer la qualité de leurs produits et à maintenir leurs coûts à des niveaux raisonnables. En même temps, la variété de biens qui sont disponibles à l'étranger offre aux consommateurs une bien plus grande gamme de choix qu'en l'absence du commerce international.

L'expérience récente de l'industrie nord-américaine de l'automobile en fait la preuve. Face à une concurrence féroce provenant de firmes japonaises, les manufacturiers nord-américains de l'automobile, connu comme les Big Three, ont travaillé fort pour améliorer la qualité de leurs véhicules. Par conséquent, la fiabilité des automobiles et des fourgonnettes que peuvent se procurer les consommateurs nord-américains — ce qui inclut les véhicules produits par les manufacturiers domestiques — est presque certainement plus grande qu'elle ne l'aurait été s'il n'y avait pas eu de concurrence de l'étranger.

Lorsque des pays imposent des tarifs, des quotas, des contrôles sur le taux de change, des règlements bureaucratiques contre les importateurs ou les exportateurs, ou d'autres types de restrictions sur le commerce international, ils augmentent les coûts de transaction et réduisent les gains possibles de l'échange. Comme l'a remarqué Henry George (voir la citation du début de ce chapitre), les restrictions sur le commerce international sont comme un blocus qu'un gouvernement impose à son propre peuple. Tout comme le blocus mis en place par un ennemi cause des dommages au pays, le blocus que s'impose un pays en adoptant des restrictions sur l'échange a le même effet.

Tableau 4
La croissance économique de pays en voie de développement avec des fortes et des faibles restrictions au commerce

	Taux de taxe moyen 1980	Sur le commerce international 1989	Prime du taux de change sur marché noir 1988[1]	Croissance annuelle du PDB par tête, 1980-1990
Faibles restrictions au commerce				
Singapore	0,5	0,.2	0	4,2
Hong Kong	0,0	0,0	0	5,7
Malaisie	7,7	3,2	0	2,6
Irelande	3,0	2,5	2	2,9
Taïwan	3,6	2,2	1	6,5
Thaïlande	6,9	5,2	1	5,8
Corée du Sud	4,1	3,0	10	8,6
Indonésie	2,9	2,2	16	3,7
Taux de croissance moyen				5,0
Fortes restrictions au commerce				
Iran	8,5	14,6	1030	-1,2
Brésil	10,0	5,5	57	0,5
Inde	15,5	21,6	14	3,2
Pérou	10,6	5,0	240	-2,6
Bangladesh	13,4	12,1	318	2,0
Rwanda	13,3	N.A.	30	-2,3
Argentine	9,5	7,0	50	-1,7
Sierra Leone	13,3	11,8	1406	-0,9
Pakistan	15,3	16,1	10	3,2
Ghana	17,3	11,4	36	-0,4
Taux de croissance moyen				0,0

1. Une prime élevée sur le taux de change au marché noir indique que le pays a imposé des contrôles du taux de change qui limitent substantiellement la capacité qu'ont les citoyens nationaux de convertir leur monnaie en d'autres monnaies.
Source: Les données sont basées sur World Bank, *World Tables, 1991* et sur le *Rapport sur le développement du monde, 1992*; International Monetary Fund, *Government Financed Yearbook 1991*, et International Currency Analysis, *The Word Currency Yearbook. 1989-1990*.

Le tableau 4 présente des données sur la relation entre les restrictions sur le commerce international et la croissance économique pendant les années 1980 pour dix-huit pays en voie de développement, huit ayant peu de restrictions sur l'échange et dix ayant de grandes restrictions sur l'échange. Les huit premiers avaient des tarifs (taxes sur le commerce international) relativement bas, et ils ont réduit leurs taux tarifaires durant les années 80. La majorité de ces pays qui plaçaient peu de restrictions sur l'échange se sont gardés aussi d'établir des contrôles sur le taux de change. Donc, la prime pour le cours de l'argent sur le marché noir fut soit inexistante soit fort petite. Reflétant le fait que les barrières à l'échange étaient faibles, le secteur du commerce international de chacun de ces huit pays à faibles restrictions était important par comparaison à celui d'autres pays de grandeur semblable. Le taux de croissance annuel du revenu par tête pour les pays à faibles restrictions a été de 5 % pour la période 1980-1990.

Regardons maintenant les données des dix pays qui imposèrent des restrictions substantielles sur le commerce international. Les tarifs de ces pays étaient généralement de 10 % supérieurs à ceux des autres, c'est-à-dire qu'ils représentaient à peu près quatre fois les taux imposés par les pays à faibles restrictions. Les contrôles du taux de change ont eu pour résultat que, dans six des pays à fortes restrictions (l'Iran, le Brésil, le Pérou, le Bangladesh, l'Argentine et le Sierra Leone), il y avait une prime de 50 % ou plus sur le marché noir des devises. En moyenne, le revenu par tête des dix pays à fortes restrictions n'a pas changé durant les années 80. Le PIB par tête a baissé dans six des dix pays. Seuls deux (l'Inde et le

Pakistan) furent capables d'atteindre un taux de croissance égal à celui des pays à faibles restrictions. Ainsi, alors que les pays à faibles restrictions prospéraient, les pays à fortes restrictions stagnaient.

Beaucoup de gens parmi ceux qui ne sont pas des économistes soutiennent l'argument selon lequel les restrictions à l'importation peuvent créer des emplois. Lorsqu'on analyse cette opinion, il est important une fois de plus de tenir compte du fait que c'est la production qui compte, et non les emplois. Avec le libre-échange les consommateurs d'un pays peuvent acheter ce qu'ils veulent et s'approvisionner où ils peuvent obtenir le meilleur prix. De même, les producteurs domestiques sont capables de vendre leurs produits là où ils peuvent toucher les prix les plus élevés. Il en résulte que les consommateurs reçoivent plus pour leur argent et que les propriétaires de ressources produisent plus de biens et de services auxquels les gens accordent de la valeur. Si les emplois étaient la clef des hauts salaires, nous pourrions facilement en créer autant que nous en voulons. Nous pourrions tous travailler un premier jour à creuser des trous et le jour suivant à les remplir. Nous serions tous employés, mais nous serions aussi terriblement pauvres, car de tels emplois ne généreraient ni les biens ni les services auxquels les gens accordent de la valeur.

Bien sûr, les restrictions à l'importation peuvent augmenter l'emploi dans les industries protégées par les restrictions. Cependant, ceci ne veut pas dire qu'elles augmenteront l'emploi total. Les exportations fournissent le pouvoir d'achat pour les importations. Lorsque les Canadiens érigent des tarifs, des quotas et d'autres barrières limitant la possibilité pour les étrangers de vendre au Canada, ils limitent en même temps le pouvoir des étrangers d'acheter des biens produits au Canada. Si les étrangers ne sont pas capables de vendre autant qu'ils le voudraient aux Canadiens, ils auront moins de dollars canadiens pour acheter des produits canadiens. Donc, les restrictions à l'importation réduiront directement les exportations. La production et l'emploi dans les industries de l'exportation baisseront ; ceci compense les « emplois sauvés » dans les industries protégées. Essentiellement, les restrictions sur l'importation réorientent les ressources des domaines où les firmes domestiques sont des producteurs à bas coûts vers ceux où les firmes domestiques sont des producteurs à coûts élevés. Donc, une quantité plus importante de nos ressources sera employée à la production de choses que nous faisons mal et une quantité plus faible sera employée à faire les choses que nous faisons bien. De telles politiques gaspillent les ressources et réduisent les revenus domestiques.

Beaucoup de Canadiens croient que les restrictions au commerce international sont nécessaires afin de protéger les travailleurs canadiens des biens importés produits avec de la main-d'œuvre bon marché. Cette idée aussi est fausse. Les pays étrangers nous vendent des biens pour qu'ils puissent obtenir des dollars avec lesquels ils pourront acheter nos biens. Le prix relatif des biens aura tendance à déterminer la direction de cet échange. Les pays à salaires élevés auront tendance à importer des choses qui sont relativement bon marché à l'étranger et à exporter les biens qui sont relativement bon marché sur le marché domestique. C'est pourquoi des pays à salaires élevés comme le Canada et les États-

Unis auront tendance à importer des choses qui exigent beaucoup de main-d'œuvre, tels que des perruques, des tapis, des jouets, de l'artisanat, de la verrerie, et quelques biens manufacturés.

Par contre, ils auront tendance à exporter des biens tels que des céréales, des produits pétrochimiques, des ordinateurs à la fine pointe de la technologie, des avions et des instruments scientifiques qui sont produits avec de la main-d'œuvre spécialisée, des terres agricoles, du pétrole et un capital de connaissances, toutes des ressources qui sont relativement abondantes dans chacun de ces deux pays. Le commerce entre deux pays qui sont dotés de ressources semblables aura tendance à se faire entre mêmes industries : des automobiles pour des automobiles, de la bière pour de la bière, du fromage pour du fromage, du bois tendre pour du bois dur. Par ce commerce entre industries semblables, les deux pays se spécialiseront dans la production de certains biens en particulier et les échangeront pour avoir plus de variété. Par exemple, dans un passé proche, le Canada produisait toutes les fourgonnettes Plymouth Voyager et toutes les automobiles Chevrolet Lumina pour l'Amérique du Nord dans ses usines et importait les autres véhicules de Chrysler et de GM. Les grands lots de fabrication, rendus possible en ne produisant qu'un seul type de véhicule par usine, permettent aux Canadiens et aux Américains d'avoir accès à une grande sélection d'autos à des prix plus bas qu'il n'aurait été possible autrement. Près de 80 % des échanges entre le Canada et les États-Unis se font entre mêmes industries et l'on prédit que cela va s'accroître dans l'avenir.

Quand un pays peut se procurer à l'étranger un produit meilleur marché qu'il n'est capable de produire sur le marché domestique, il bénéficie et de l'importation de ce produit et de l'utilisation de ses ressources domestiques pour produire d'autres choses. L'exemple extrême suivant permet d'illustrer cette idée. Supposez qu'un producteur étranger, comme un Père Noël qui paie ses travailleurs peu ou rien, est prêt à procurer aux Canadiens des manteaux d'hiver gratuits. Est-ce qu'il serait raisonnable de décréter une barrière tarifaire pour empêcher l'entrée des manteaux gratuits sur le marché domestique? Bien sûr que non. Les ressources qui étaient utilisées précédemment pour la production de manteaux pourraient être réaffectées maintenant à la production d'autres biens. La production et la disponibilité de biens augmenteraient. Il n'est pas plus raisonnable d'ériger des barrières à l'échange pour empêcher l'entrée de biens étrangers bon marché qu'il ne l'est d'empêcher l'entrée de manteaux gratuits provenant d'un gentil Père Noël étranger.

Si les « sauveurs d'emplois » et les partisans des restrictions au commerce pensent que de telles politiques sont une bonne idée, pourquoi n'encouragent-ils pas les tarifs et les quotas pour limiter le commerce entre les provinces du Canada? Après tout, pensez à tous les emplois qui sont perdus lorsque, par exemple, l'Ontario « importe » du bois et des pommes de la Colombie-Britannique, du blé de la Saskatchewan, et du poisson de la Nouvelle-Ecosse. Tous ces produits pourraient être produits en Ontario. Cependant, les résidents de l'Ontario trouvent généralement moins dispendieux « d'importer » ces biens que de les produire localement. L'Ontario fait un gain en utilisant ses ressources afin de produire et « d'exporter » des automobiles. À leur tour, les ventes d'autos génèrent du pouvoir d'achat qui permet aux Ontariens « d'importer » des biens qu'il aurait été dispendieux de produire localement.

La plupart des gens reconnaissent que le libre-échange entre les provinces est une source importante de prospérité pour chacune d'elles. Ils reconnaissent que les « importations » des autres provinces ne détruisent pas des emplois ; ils ne font que relocaliser les travailleurs dans les industries « d'exportation » où ils seront capables de produire plus de valeur et donc plus de revenus. La source de gains du commerce international est exactement la même que pour l'échange entre personnes de différentes provinces. Si le libre-échange entre les dix provinces encourage la prospérité, le libre-échange entre pays le fait aussi.

Si les restrictions à l'échange retardent la prospérité économique, pourquoi tant de pays adoptent-ils de telles mesures ? La réponse est simple : l'influence politique des groupes d'intérêts. Les restrictions à l'échange profitent aux producteurs (et aux fournisseurs de ressources) aux dépens des consommateurs. En général, le premier groupe — les investisseurs et les travailleurs dans une industrie en particulier — est bien organisé et très visible, alors que les consommateurs sont généralement mal organisés et leur gains sont plus dispersés. Selon toute attente, le groupe d'intérêt organisé aura plus de pouvoir politique, plus de votes et plus de fonds pour les campagnes électorales. Donc, les politiciens se soumettent souvent à leur volonté. Dans le cas des restrictions au commerce, les bons principes économiques entrent souvent en conflit avec une stratégie politique gagnante.

Quelques réflexions finales

L ORS D'UNE VISITE EN EX-URSS EN 1992, UN RUSSE dit à l'un des auteurs : «Nous savons ce qui ne marche pas ; maintenant nous essayons de déterminer ce qui marchera.» Les Russes ne sont pas seuls. La majeure partie du monde est à la recherche de solutions économiques qui marchent.

Comme nous l'avons indiqué dans ce livre, la théorie économique fondamentale ainsi que l'expérience de l'Amérique du Nord offrent des éléments de réponse à cette question. La théorie fondamentale indique que la propriété privée, la liberté des échanges, les marchés concurrentiels et la stabilité monétaire sont les pierres angulaires de la prospérité économique. Lorsque ces pierres angulaires sont présentes, les individus peuvent «récolter ce qu'ils sèment», de l'énergie productive est produite, et de la richesse est créée. Telle est la recette qui engendre notre progrès matériel. Si nous nous éloignons d'elle, nous cessons de jouir de la croissance et de la prospérité.

De plus, c'est une recette qui fonctionne partout dans le monde. Les pays qui adoptent de bonnes politiques prospèrent, alors que ceux qui ne le font pas stagnent. À ce sujet, les expériences de l'Argentine, du Vénézuela, du Japon et de Hong Kong sont instructives. Comme le démontre le tableau 7, en 1960, les revenus par tête du Japon et de Hong Kong ne représentaient

GRAPHIQUE 1

*Revenus par habitant de l'Argentine, du Vénézuela,
du Japon et de Hong Kong, 1960 et 1990*

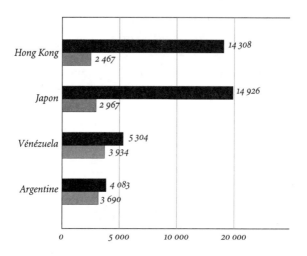

que les deux tiers ou les trois quarts de ceux de l'Argentine et du Vénézuela. Cependant, en 1990, la situation était fort différente. Ajustés pour l'inflation, les revenus par tête de l'Argentine et du Vénézuela en 1990 n'étaient que marginalement plus élevés qu'en 1960. Les économies de ces pays ont stagné durant la période allant de 1960 à 1990. Par contre, les revenus par tête, ajustés pour l'inflation, du Japon et de Hong Kong, ont augmenté de plus de 5 fois durant cette même période. En 1990, les revenus par tête au Japon et à Hong Kong étaient approximativement trois fois plus grands que ceux d'Argentine et du Vénézuela.

Ces données révèlent beaucoup de choses à propos de la prospérité économique. Premièrement, elles illustrent que l'abondance de ressources naturelles n'est ni une condition nécessaire ni une condition suffisante de la prospérité économique. Le Japon a peu de ressources naturelles, et il importe presque toute son énergie. Hong Kong n'a pratiquement aucune matière première, très peu de sol fertile, et aucune source domestique d'énergie. Cependant tous deux sont prospères. Par contre, le Vénézuela est un des pays les plus riches en pétrole dans le monde, alors que l'Argentine a beaucoup de terre fertile et une abondance d'autres ressources naturelles. Les ressources naturelles peuvent aider à promouvoir la prospérité économique, mais évidemment elles n'en sont pas la clé. Si elles l'étaient, le Japon et Hong Kong seraient pauvres, tandis que l'Argentine et le Vénézuela seraient riches.

Deuxièmement, le tableau 5 illustre les limites de la technologie avancée comme source de croissance économique. Il est évident que les progrès technologiques ont amélioré de beaucoup notre capacité de produire des biens ces dernières 250 années. La substitution de machines pour de la main-d'œuvre, le développement de nouvelles espèces de grain, l'engrais, les nouvelles sources d'énergie et les améliorations dans les domaines du transport et des communications ont transformé le mode de vie en Amérique du Nord, en Europe, en Océanie et au Japon. Les pays en voie de développement, cependant, peuvent emprunter et imiter les technologies qui marchent dans les pays développés. Cela devrait faciliter leur croissance et leur prospérité. Si la technologie était le facteur premier limitant la création de la richesse, le bien-être économique des populations des pays moins développées s'améliorerait rapidement. Malheureusement, ce n'est pas le cas.

Pourquoi les économies du Japon et de Hong Kong ont-elles grandi rapidement, alors que celles de l'Argentine et du Vénézuela ont stagné ? Il est évident que les différences dans leur organisation économique forment une partie importante de la réponse. Notre analyse indique que des droits de propriété bien définis, des impôts peu élevés, une stabilité monétaire et un recours aux marchés sont les clés du progrès économique. En général, le Japon et Hong Kong ont suivi ce parcours durant les années 1960-1990. Par contre, les pays qui restreignent le commerce et l'échange, imposent de fortes taxes, fixent les taux d'intérêts et d'autres prix et suivent une politique monétaire inflationniste découragent l'activité productive et retardent l'utilisation efficace des ressources. En général, tel est le chemin qui a été suivi par l'Argentine, le Vénézuela et la plupart des autres pays en voie de développement au cours des récentes décennies.

Une organisation économique saine est la clé de la prospérité économique. Les pays qui adoptent des politiques encourageant la création de la richesse prospèrent, alors que ceux qui ne le font pas continuent à stagner. Cela est vrai pour les riches nations industrielles comme pour les pauvres pays en voie de développement. La prospérité future des deux est liée directement à la solidité de leur organisation économique. Tel est le message principal de la science économique moderne.

Patrick Luciani

Un mythe :
les immigrants volent
les emplois des Canadiens

L'un des mythes les plus souvent colportés au Canada prétend que les immigrants volent les emplois des Canadiens et font baisser leurs salaires, particulièrement pendant les périodes de chômage et de ralentissement économique. Si l'on en croit ce mythe, les conséquences de l'immigration seraient évidentes : l'arrivée d'immigrants en plus grand nombre signifie qu'il y a moins de ressources disponibles pour nous, Canadiens d'origine. Les tenants de ce préjugé ont aussi tendance à croire que les immigrants imposent un fardeau aux contribuables, car les nouveaux Canadiens, pensent-ils, sollicitent plus que leur part d'assurance-emploi, d'assistance sociale et d'autres types de prestations. On entend aussi une version plus sophistiquée, selon laquelle un surplus d'immigrants réduirait le revenu par personne des résidents du pays. Cette seconde critique est basée sur l'hypothèse selon laquelle il y aurait une taille optimale à la population du pays et que l'économie ne serait plus aussi efficace au-delà d'un certain point, ce qui entraînerait par conséquent la chute du revenu par personne. Finalement, certains croient que le prétendu problème ne fera que s'aggraver si le Canada maintient sa politique d'ouverture croissante à l'immigration, en vigueur depuis les années soixante.

Il est étonnant de constater la rareté des statistiques sur les retombées socioéconomiques réelles de l'immigration au Canada, alors que cette même immigration a pourtant joué un rôle crucial dans le développement économique du pays. Posons-nous quand même la question, et tentons d'y répondre à partir de ce que nous savons déjà : les immigrants volent-ils réellement nos emplois ? rongent-ils nos revenus ? et retirent-ils davantage du système qu'ils n'y contribuent ? Il faut répondre par la négative à toutes ces questions. Aucune méthode économétrique n'a permis de démontrer que l'immigration nuisait à l'emploi ou aux revenus des Canadiens. Mais avant d'étudier de plus près les statistiques disponibles, penchons-nous un peu sur l'évolution du rôle de l'immigration au Canada et sur son histoire.

LE NOUVEAU VISAGE DE L'IMMIGRATION

Le Canada a toujours été connu comme un pays d'immigrants mais, pendant la seconde moitié du dernier siècle, le Canada a en fait perdu davantage d'habitants par l'émigration qu'il n'en a reçu par l'immigration. Le pays a bien reçu 401 000 immigrants en 1912, mais seulement 25 % d'entre eux sont restés. Les autres ont déménagé aux États-Unis. Le Canada a connu une autre perte nette pendant les années trente et au début des années quarante, mais les choses ont commencé à se redresser par la suite. Entre 1946 et 1957, 1,1 million d'immigrants sont arrivés au pays. Ceux-ci venaient principalement d'Europe et cherchaient essentiellement des emplois mieux rémunérés. Les immigrants de cette vague étaient souvent peu qualifiés, mais faisaient preuve d'une grande ardeur au travail. Après 1957, le Canada a modifié ses priorités en matière d'immigration et s'est mis à recruter les immigrants les plus compétents et les plus fortunés. À la fin des années soixante, 25 % des immigrants étaient des professionnels. Avec l'adoption du système de points, le Canada s'est mis à valoriser les compétences et la formation tout en réduisant l'importance du parrainage d'immigrants. Les nouvelles règles d'admission ont aussi eu pour effet de modifier la répartition des immigrants entre les pays d'origine. Avant les années soixante, plus de 85 % des immigrants venaient d'Europe ou des États-Unis. À la fin des années soixante et au début des années soixante-dix, 40 % venaient des Caraïbes, du Moyen-Orient, d'Asie et d'Afrique.[1] Le visage du Canada en a été transformé : ce n'était plus un pays à prédominance blanche et européenne. Les Canadiens français et les Canadiens anglais devenaient minoritaires dans leur propre pays.

FARDEAU OU BÉNÉDICTION ?

Maintenant que nous avons peint sommairement cette toile de fond, nous pouvons nous poser cette seconde question : quel a été l'effet de l'immigration sur l'économie canadienne ? Pour mieux y répondre, nous pouvons envisager l'immigration sous trois angles : premièrement, selon son apport aux revenus par personne des Canadiens d'origine (ceux qui vivaient déjà au Canada) ; deuxièmement, selon l'utilisation par les immigrants des programmes sociaux fédéraux et provinciaux

---

1. Les immigrants peuvent entrer au Canada de trois façons principales : par le Programme de réunion des familles, comme personnes indépendantes ou comme réfugiés. Entre 1980 et 1986, 43,1 % des immigrants arrivés au Canada se sont prévalu du Programme de réunion des familles, 18,2 % étaient des réfugiés et 40 % étaient des indépendants. Environ 70 % des réfugiés et des immigrants de familles réunies venaient des Caraïbes, d'Asie, d'Afrique, d'Amérique du Sud et d'Amérique centrale, tandis que 50 % des indépendants venaient des sources d'immigration traditionnelles que sont le Royaume Uni, les autres pays européens et les États-Unis.

par rapport à leur contribution fiscale ; et troisièmement, selon l'effet de l'immigration sur la création ou
sur la perte d'emplois pour les Canadiens.

Efficacité économique

La notion d'efficacité économique repose sur l'exis-
tence présumée d'un niveau idéal ou optimal de population, au-delà duquel les revenus par habitant se
mettraient à chuter. Les économistes appellent cela la loi
des rendements décroissants. Cette loi économique suppose que plus il y a de gens, moins les nouvelles personnes venant s'ajouter à la population contribuent au
produit national brut.[2] Il y aurait donc un point au-delà
duquel, peu importe le nombre d'habitants que l'on
ajoute, la production et les revenus cessent d'augmenter
et peuvent même chuter. Voilà ce que signifierait
l'atteinte d'un point d'efficacité maximale. Avons-nous
atteint ce point ? La réponse est non, et nous ne l'attein-
drons sans doute jamais. Les économistes aiment bien
s'amuser à tenter de fixer un niveau de population optimal au-delà duquel l'économie perdrait en efficacité. Le
Conseil économique du Canada a déjà établi ce niveau
optimal à 100 millions d'habitants, mais il ne s'agit tout

---

2. La loi des rendements décroissants suppose qu'au-delà d'un
   certain point, toute personne s'ajoutant à la population apporte
   un gain de production inférieur à celui de la personne qui l'a
   précédée. Il faut présumer pour cela qu'il n'y a aucune
   augmentation du capital, des terres disponibles ou des autres
   moyens de production. Si les machines et outils sont en nombre
   fixe, la production du travailleur suivant ne sera pas aussi forte que
   celle du travailleur précédent.

au plus que d'une savante conjecture.[3] Qui plus est, la production ne dépend pas seulement du nombre de travailleurs disponibles. Les machines, les outils et la technologie ont aussi une grande importance, et ces facteurs ne cessent d'évoluer, rendant la main-d'œuvre de plus en plus productive. C'est pourquoi il n'y a aucune relation évidente entre la taille de la population et l'efficacité économique.

Programmes sociaux et fiscalité

Une autre question importante concerne la prétendue dépendance des immigrants à l'égard des programmes d'assistance sociale. Beaucoup de gens ont le sentiment que les immigrants se prévalent de ces programmes davantage que les Canadiens d'origine. Les statistiques indiquent pourtant que seulement 12,5 % des immigrants arrivés au pays entre 1981 et 1986 ont touché de telles prestations sociales, comparativement à 13,8 % des Canadiens d'origine. Parmi ceux qui sont arrivés au Canada entre 1976 et 1980, 6,7 % touchaient des prestations d'assistance sociale. Il semble bien que plus ils demeurent longtemps au Canada, moins les immigrants sollicitent cette assistance. Ces statistiques démentent donc les idées reçues. Seule une faible fraction des immigrants touche des prestations d'assistance sociale, et cette fraction n'est certainement pas plus grande que parmi les Canadiens d'origine.

Il s'ensuit que, si les immigrants n'abusent pas des programmes sociaux, c'est qu'ils doivent avoir des emplois ; et c'est bien ce que l'on constate. Les immigrants en général ont un taux de chômage inférieur à celui des

Canadiens d'origine. Par exemple, en 1986, le taux de chômage chez les immigrants était de 8,2 %, comparativement à 10,8 % chez les autres. (Toutefois, les immigrants nouvellement arrivés avaient des taux de chômage plus élevés étant donné qu'ils étaient encore en train de s'adapter à leur nouveau pays.)

Les immigrants paient-ils leur juste part d'impôts et de taxes, ou soutirent-ils davantage d'argent des services sociaux qu'ils ne contribuent au système ? Notre étude a démontré que la contribution fiscale des immigrants était en fait supérieure au coût des services qu'ils recevaient. Bref, les immigrants portent plus que leur juste part du fardeau fiscal et partagent même une partie de leurs revenus avec les Canadiens d'origine par le biais de la fiscalité. L'étude a aussi révélé que plus les immigrants étaient jeunes, plus grande était leur contribution. En versant des taxes et des impôts, l'immigrant apporte une contribution nette à la société pendant une période pouvant aller jusqu'à 35 ans. On peut donc en conclure qu'il est préférable d'accepter des immigrants au pays alors qu'ils sont encore jeunes.[4] On notera aussi qu'en 1986, 27,5 % des immigrants adultes qui avaient dû se qualifier en vertu du système de points pour être admis au pays sont arrivés chez nous avec un diplôme universitaire en poche, ce qui a fait épargner aux contribuables d'importantes dépenses d'éducation. Cela se compare très favorablement avec la proportion de Canadiens d'origine détenant des diplômes universitaires, qui est de 22,6 %.

---

4. AKBARI, Ather H. « The Benefits of Immigration to Canada : Evidence on Tax and Public Services », *Canadian Public Policy*, XV, n⁰ 4, décembre 1989.

Si les immigrants apportent une telle contribution financière au pays, pourquoi ne pas en admettre un plus grand nombre? On a déjà soutenu qu'en raison du vieillissement de la population canadienne, le pays avait besoin d'admettre davantage de travailleurs pour pallier la montée des coûts de la santé, de l'éducation et des services sociaux. Le Conseil économique du Canada a déterminé que l'on pourrait réduire le coût par personne de ces mêmes services en haussant les niveaux d'immigration, mais que les économies ainsi réalisées seraient minimes.[5] Même si l'on ajoute les avantages réalisés grâce aux économies d'échelle, autrement dit la réduction du coût par personne dans une population plus grande, l'effet bénéfique resterait modeste. Les statistiques semblent donc indiquer que, même si les immigrants n'imposent aucun fardeau fiscal supplémentaire à la population d'accueil, ils ne réduisent pas non plus ce fardeau.

Il serait erroné de présumer que l'immigration n'entraîne aucun coût social ou économique, surtout si l'on tient compte des demandes d'asile politique que font les réfugiés au Canada. En 1985, les divers paliers de gouvernement ont dépensé 432 millions de dollars en programmes destinés aux immigrants, allant des cours de langue à l'assistance sociale en passant par les conseils et les services de placement. Ce chiffre, qui a continué d'augmenter avec la hausse de l'immigration et du nombre de demandes d'asile politique, ne tient pas compte du fardeau accru imposé aux trois grandes villes

---

5.   CONSEIL ÉCONOMIQUE DU CANADA. *Impacts sociaux et économiques de l'immigration*, *op. cit.*, p. 51.

d'accueil des immigrants (Toronto, Montréal et Vancouver) en provoquant l'augmentation des coûts de logement et des coûts sociaux. L'immigration, il faut le dire, n'est pas un phénomène national, mais bien un phénomène urbain, concentré dans les trois grandes métropoles du Canada.

Emplois, revenus et immigration

Penchons-nous maintenant sur cette croyance selon laquelle les immigrants nous déroberaient nos emplois. Ceux qui s'imaginent que les immigrants prennent la place des Canadiens d'origine s'appuient sur trois suppositions : premièrement, que chaque immigrant déplacerait un Canadien d'origine; deuxièmement, que les travailleurs immigrants et travailleurs d'origine seraient parfaitement interchangeables; et troisièmement, que les immigrants seraient disposés à travailler pour des salaires inférieurs à ceux des Canadiens d'origine. Ces hypothèses ne sont généralement pas basées sur des faits démontrés, mais plutôt sur l'idée selon laquelle l'économie ne pourrait offrir qu'un nombre d'emplois fixe. Nous savons que c'est faux puisque l'immigration accroît la population, ce qui stimule la demande de biens et services et, par conséquent, crée des emplois. De bien des façons, les immigrants créent leurs propres emplois et relèvent le niveau général de la demande en achetant des voitures, des maisons et tout ce que les autres Canadiens achètent. Nous savons par contre que les immigrants récents consacrent une plus grande partie de leurs revenus à l'alimentation, au logement et au transport, ce qui modifie la nature de la demande globale dans l'économie. Du côté de l'offre, les immigrants ont aussi tendance à contribuer davantage à la main-d'œuvre. Lorsque l'on fait les ajustements nécessaires en fonction de l'âge, on note que le taux de participation à la main-d'œuvre des immigrants de sexe masculin était de 79,4 % en 1981, comparativement à 77,9 % chez les Canadiens d'origine. Et si, autrefois, le Canada accordait la préférence aux immigrants possédant des compétences techniques difficiles à trouver au pays, les immigrants d'aujourd'hui ont plutôt tendance à trouver des emplois de type professionnel ou administratif.

Pour ce qui est de l'idée selon laquelle les immigrants seraient prêts à occuper des emplois que les Canadiens d'origine dédaignent, on voit là le reflet d'une vision selon laquelle l'économie offrirait des catégories d'emplois primaires et secondaires, la première classe étant mieux rémunérée et préférée par les Canadiens d'origine, alors que la seconde n'offrirait que des emplois peu rémunérés, que préféreraient les immigrants. Cette vision simpliste du marché du travail n'a aucun fondement, car elle s'appuie sur trop d'hypothèses non confirmées. Par exemple, si les Canadiens d'origine refusaient de travailler dans des emplois secondaires, cela deviendrait vite évident : les fermiers, par exemple, auraient du mal à faire récolter leurs produits, les maisons ne seraient pas nettoyées et les pelouses ne seraient pas tondues. Or, dans une économie de marché, une pénurie de main-d'œuvre entraînerait une hausse des salaires dans ces mêmes catégories d'emplois secondaires. Il n'y a donc aucune raison théorique pour laquelle les Canadiens d'origine refuseraient d'accomplir ces tâches. Pour l'expliquer, il faudrait supposer que les immigrants possèdent beaucoup de compétences similaires à celles des Canadiens d'origine. Lorsque le nombre d'immigrants augmente, ceux-ci seraient alors en concurrence pour un même nombre d'emplois à des salaires inférieurs. C'est là un scénario plausible, mais rien ne le confirme en réalité. Si tel était vraiment le cas, les salaires des Canadiens d'origine seraient en baisse. Or, on ne voit rien de tel. L'immigration ne semble nullement affecter les salaires des Canadiens d'origine.[6] Cela peut être expliqué en partie par le fait que les travailleurs immigrants et les Canadiens d'origine ne sont pas parfaitement interchangeables. L'interaction économique réelle entre les immigrants et les Canadiens d'origine est encore mal comprise et devrait faire l'objet d'enquêtes et de recherches plus approfondies. Les compétences des immigrants varient beaucoup d'une personne à l'autre et selon les pays dont ils sont issus. Selon leurs antécédents économiques et politiques, les immigrants ont des effets divers sur la main-d'œuvre, et il est difficile, voire impossible, de prédire ces retombées.

Bien que les statistiques nous donnent à penser que l'immigration ne fait pas augmenter le chômage, le gouvernement fédéral canadien a semblé accréditer cette hypothèse puisqu'il a réduit les niveaux d'immigra-

---

6. En ce qui concerne les données américaines, on a découvert dans ce pays que l'impact sur les revenus des Américains d'origine était négligeable. Une augmentation de l'immigration de 10 % a fait baisser les revenus des Américains d'origine de 0,2 %. Dans le cas des ouvriers du secteur manufacturier, la baisse n'était que de 0,04 %. Même la main-d'œuvre mexicaine illégale affecte à peine les Américains d'origine. Voir BORJAS, George J., *Friends or Strangers*, New York, Basic Books, 1990.

tion pendant les récessions. Jusqu'en 1990, en vertu du système de points, personne ne pouvait demander le statut d'immigrant reçu en dehors du Programme de réunion des familles à moins que l'on ait constaté une pénurie de travailleurs dans sa profession ou dans son métier. Déterminer si l'immigration cause une augmentation du chômage est beaucoup plus difficile que ne semblent l'imaginer les profanes. Le ministère du Travail et de l'Immigration a étudié la question sous bien des angles afin de découvrir la réponse. Il ne suffit pas de regarder les statistiques annuelles pour voir si les taux de chômage varient proportionnellement à l'immigration. Il ne suffit pas non plus d'étudier les flux d'immigration pour voir si les taux de chômage augmentent ou diminuent parallèlement. Un coup d'œil rapide sur les statistiques nous montre en fait que l'immigration a eu tendance à diminuer pendant que le chômage augmentait. Après tout, les immigrants ne sont pas intéressés à s'établir chez nous si aucun emploi ne les attend ! (Voir la figure 11.1.)

Un examen superficiel des données ne nous indique pas grand-chose sur les facteurs sous-jacents. Si nous supposons que l'immigration n'est qu'un autre moyen d'accroître la taille de la population, nous pouvons peut-être alors trouver une relation entre le chômage et l'accroissement démographique ; toutefois, on ne trouve aucune corrélation de ce genre entre les deux statistiques.[7] Le chômage pourrait peut-être aussi augmenter lorsque l'on accroît la main-d'œuvre au-delà de

---

7. CONSEIL ÉCONOMIQUE DU CANADA. *Impacts sociaux et économiques de l'immigration, op. cit.,* p. 54.

la capacité de création d'emplois de l'économie, mais ob-
serve-t-on vraiment ce phénomène dans les pays où la
main-d'œuvre croît rapidement? Là non plus, l'expérience de divers pays de l'OCDE n'indique aucune relation entre les taux de chômage et la croissance de la
main-d'œuvre. Par exemple, le Canada a connu un taux
de chômage inférieur à ceux de la France et de l'Italie, à
la fin des années quatre-vingt, même si sa main-d'œuvre
croissait plus rapidement que celles des deux pays européens en question.

Autre preuve que les immigrants ne font pas augmenter le chômage : ceux-ci ont tendance à créer leurs
propres emplois en devenant des travailleurs autonomes. En 1981, 7,9 % des immigrants étaient travailleurs
autonomes comparativement à 6,8 % des Canadiens
d'origine. En 1986, ces statistiques étaient de 11,6 % et
9 % respectivement. Le travail autonome croît plus rapidement parmi les immigrants que dans l'ensemble de la
population. Finalement, certains se demandent qui pro-
fite le plus de notre politique d'immigration. Là encore,
on dispose d'informations et de données inadéquates.
Les immigrants, en moyenne, ont non seulement des emplois devant eux, mais ils tendent aussi à réaliser de meilleurs revenus que les Canadiens d'origine, la marge étant
d'environ 3 %, après ajustement pour tenir compte de
facteurs comme les niveaux d'éducation.

Notre revue des études et analyses de l'immigration
au Canada nous mène à conclure, primo, que les immigrants ne volent pas d'emplois ; secundo, que rien n'indique qu'ils causent une baisse des revenus des
Canadiens d'origine ; et tertio, que les immigrants n'imposent pas de fardeaux aux programmes sociaux. Enfin,

les immigrants paient plus que leur juste part de taxes et d'impôts pour les programmes sociaux. Toutefois, même si rien ne prouve qu'ils constituent un fardeau pour la société, il faut bien dire aussi que rien ne prouve leur effet positif ou négatif sur le revenu par personne des Canadiens d'origine. Tout cela signifie que pour comprendre les coûts et avantages de l'immigration, on doit aller au-delà de l'économie et prendre en compte les avantages de vivre dans une société où se côtoient des cultures diverses et où les gens peuvent trouver refuge pour des raisons humanitaires. Si certains continuent encore à soutenir que les immigrants volent des emplois, ils ne peuvent compter sur aucune preuve pour appuyer leurs dires.

Frédéric Bastiat

La Vitre cassée

Ce texte fait partie d'un recueil de Frédéric Bastiat intitulé *Ce qu'on voit et ce qu'on ne voit pas*. Publié en juillet 1850, il est le dernier que Bastiat ait écrit. L'auteur en perdit le manuscrit lors d'un déménagement. Après de longues et inutiles recherches, il se décida à recommencer entièrement son œuvre. Cette tâche finie, il se reprocha d'avoir été trop sérieux, jeta au feu le deuxième manuscrit et en écrivit un autre, lequel fut réimprimé en 1854. L'ensemble des écrits de Bastiat occupe sept volumes de l'édition dite Guillaumin (voir Frédéric Bastiat, *Œuvres complètes*, Paris, Guillaumin et Cie, 1862-1864).

Bastiat est, quant à moi, l'un des plus grands vulgarisateurs des principes économiques fondamentaux. Presque tous ses écrits sont toujours d'actualité. À titre d'exemple, n'avons-nous pas entendu plusieurs observateurs québécois vanter les mérites de la célèbre crise du verglas de 1998 en tant que louable stimulus de notre l'économie?

Michel Kelly-Gagnon
Directeur délégué
Institut économique de Montréal

Avez-vous jamais été témoin de la fureur du bon bourgeois Jacques Bonhomme, quand son fils terrible est parvenu à casser un carreau de vitre ? Si vous avez assisté à ce spectacle, à coup sûr vous aurez aussi constaté que tous les assistants, fussent-ils trente, semblent s'être donné le mot pour offrir au propriétaire infortuné cette consolation uniforme : « À quelque chose malheur est bon. De tels accidents font aller l'industrie. Il faut que tout le monde vive. Que deviendraient les vitriers, si l'on ne cassait jamais de vitres ? »

Or, il y a dans cette formule de condoléances toute une théorie qu'il est bon de surprendre, *flagrante delicto*, dans ce cas très simple, attendu que c'est exactement la même que celle qui, par malheur, régit la plupart de nos institutions économiques.

À supposer qu'il faille dépenser six francs pour réparer le dommage, si l'on veut dire que l'accident fait arriver six francs à l'industrie vitrière, qu'il encourage dans la mesure de six francs la susdite industrie, je l'accorde, je ne conteste en aucune façon, on raisonne juste. Le vitrier va venir, il fera sa besogne, touchera six francs, se frottera les mains et bénira de son cœur l'enfant terrible. C'est ce qu'on voit.

Mais si, par voie de déduction, on arrive à conclure, comme on le fait trop souvent, qu'il est bon qu'on casse les vitres, que cela fait circuler l'argent, qu'il en résulte un encouragement pour l'industrie en général, je suis obligé de m'écrier : halte-là ! Votre théorie s'arrête à ce qu'on voit, ne tient pas compte de ce qu'on ne voit pas.

On ne voit pas que, puisque notre bourgeois a dépensé six francs à une chose, il ne pourra plus les dépenser à une autre. On ne voit pas que, s'il n'eût pas eu de vitre à remplacer, il eût remplacé, par exemple, ses souliers éculés ou mis un livre de plus dans sa bibliothèque. Bref, il aurait fait de ces six francs un emploi quelconque qu'il ne fera pas.

Faisons donc le compte de l'industrie en général.

La vitre étant cassée, l'industrie vitrière est encouragée dans la mesure de six francs ; c'est ce qu'on voit. Si la vitre n'eût pas été cassée, l'industrie cordonnière (ou toute autre) eût été encouragée dans la mesure de six francs ; c'est ce qu'on ne voit pas.

Et si l'on prenait en considération ce qu'on ne voit pas parce que c'est un fait négatif, aussi bien que ce que l'on voit, parce que c'est un fait positif, on comprendrait qu'il n'y a aucun intérêt pour l'industrie en général, ou pour l'ensemble du travail national, à ce que des vitres se cassent ou ne se cassent pas.

Faisons maintenant le compte de Jacques Bonhomme.

Dans la première hypothèse, celle de la vitre cassée, il dépense six francs et a, ni plus ni moins que devant, la jouissance d'une vitre. Dans la seconde, celle où l'accident ne fût pas arrivé, il aurait dépensé six francs en chaussure et aurait eu tout à la fois la jouissance d'une paire de souliers et celle d'une vitre.

Or, comme Jacques Bonhomme fait partie de la société, il faut conclure de là que, considérée dans son ensemble, et toute balance faite de ses nivaux et de ses jouissances, elle a perdu la valeur de la vitre cassée.

Par où, en généralisant, nous arrivons à cette conclusion inattendue : « La société perd la valeur des objets inutilement détruits », et à cet aphorisme qui fera dresser les cheveux sur la tête des protectionnistes : « Casser, briser, dissiper, ce n'est pas encourager le travail national » ou plus brièvement : « Destruction n'est pas profit. »

Que direz-vous, Moniteur industriel, que direz-vous, adeptes de ce bon M. de Saint-Chamans, qui a calculé avec tant de précision ce que l'industrie gagnerait à l'incendie de Paris, à raison des maisons qu'il faudrait reconstruire ?

Je suis fâché de déranger ses ingénieux calculs, d'autant qu'il en a fait passer l'esprit dans notre législation. Mais je le prie de les recommencer, en faisant entrer en ligne de compte ce qu'on ne voit pas à côté de ce qu'on voit.

Il faut que le lecteur s'attache à bien constater qu'il n'y a pas seulement deux personnages, mais trois dans le petit drame que j'ai soumis à son attention. L'un, Jacques Bonhomme, représente le Consommateur, réduit par la destruction à une jouissance au lieu de deux. L'autre, sous la figure du Vitrier, nous montre le Producteur dont l'accident encourage l'industrie. Le troisième est le Cordonnier (ou tout autre industriel) dont le travail est découragé d'autant par la même cause. C'est ce troisième personnage qu'on tient toujours dans l'ombre et qui, personnifiant ce qu'on ne voit pas, est un élément nécessaire du problème. C'est lui qui bientôt nous enseignera qu'il n'est pas moins absurde de voir un profit dans une restriction, laquelle n'est après tout qu'une destruction partielle.

Aussi, allez au fond de tous les arguments qu'on fait valoir en sa faveur, vous n'y trouverez que la paraphrase de ce dicton vulgaire : « Que deviendraient les vitriers, si l'on ne cassait jamais de vitres ? »

Les auteurs

James D. Gwartney est professeur de sciences économiques et politiques à l'Université d'État de la Floride et associé de recherche à l'Institut James Madison. Il a obtenu son doctorat en économie de l'Université de Washington en 1970. Il a publié de nombreux articles dans des revues professionnelles en économie, surtout dans les domaines de la taxation, de l'économie politique et de l'économie du travail. Ses ouvrages de vulgarisation ont paru dans beaucoup de journaux dont le *New York Times* et le *Wall Street Journal*.

Richard L. Stroup est professeur d'économie à l'université d'État du Montana et associé principal du *Political Economy Research Center*. Il a obtenu son doctorat de l'Université de Washington en 1970 et fut le directeur du Bureau d'analyse politique au ministère des Affaires intérieures des États-Unis durant les années 1982-1984. Ayant publié beaucoup dans les domaines de l'économie environnementale et des ressources naturelles, il a été une force majeure dans le développement de la méthode «environnementaliste de marché libre» qui se préoccupe des problèmes de ressources. Ses recherches récentes se concentrent sur des arrangements institutionnels alternatifs pour traiter du risque environnemental.

Les professeurs Gwartney et Stroup sont tous les deux membres de la société du Mont Pèlerin, une organisation internationale d'économistes. Ils sont les coauteurs de *Economics : Private and Public Choice, 6th edition* (Dryden Press, 1992), un texte d'économique utilisé de façon répandue au niveau universitaire, et *Introductory Economics : The Wealth and Poverty of Nations* (Dryden Press, 1993).

TABLE DES MATIÈRES

CE QUE TOUS LES QUÉBÉCOIS DEVRAIENT SAVOIR SUR L'ÉCONOMIE

INTRODUCTION
Pourquoi devriez-vous lire ce livre ?................. 7

PREMIÈRE PARTIE :
DIX ÉLÉMENTS CLÉS DE L'ÉCONOMIQUE 11

1 Les incitations comptent..................................... 13

2 On n'a jamais rien pour rien !........................... 17

3 L'échange volontaire encourage
le progrès économique. 21

4 Les coûts de transaction présentent
un obstacle à l'échange ; la réduction
de cet obstacle aidera à promouvoir
le progrès économique. 25

5 Les augmentations de revenu réel dépendent
des augmentations réelles de la production. 29

6 Les quatre sources de croissance des revenus
sont : *a)* l'amélioration des compétences des
travailleurs, *b)* l'augmentation des immobilisations, *c)* l'avancement technologique, et
d) une meilleure organisation économique 35

7 Le revenu est une compensation qu'on
obtient en rendant service aux autres. Les
gens gagnent un revenu en aidant les autres..... 39

8 Les profits dirigent les entreprises
vers les activités qui font augmenter
la richesse. 43

9 Le principe de la « main invisible » stipule
que le système des prix permet d'harmoniser
l'intérêt de l'individu avec le bien-être général. 47

10 Ne pas tenir compte des effets secondaires
et des conséquences à long terme est une
source d'erreur parmi les plus communes
en économie... 51

DEUXIÈME PARTIE :
LES SEPT SOURCES PRINCIPALES
DU PROGRÈS ÉCONOMIQUE 57

1 Propriété privée : les gens sont plus motivés
à travailler et utilisent les ressources plus
sagement lorsque la propriété est privée. 59

2 La liberté d'échanger : les politiques qui
réduisent le volume d'échange retardent
le progrès économique 71

3 Les marchés concurrentiels : La concurrence
encourage l'utilisation efficace des ressources
et fournit une stimulation soutenue
à l'innovation. 75

4 Un marché financier efficace :
pour qu'une nation puisse réaliser son
potentiel, il doit y avoir un mécanisme
capable d'allouer les capitaux aux projets
qui génèrent de la richesse. 81

5   La stabilité monétaire : les politiques
        monétaires inflationnistes brouillent
        les signaux que sont les prix et minent
        une économie de marché 87

6   Les faibles taux d'imposition :
        les gens produisent plus quand on leur permet
        de garder une plus grande part de ce qu'ils
        gagnent. 95

7   Le libre-échange : une nation peut bénéficier
        de la vente des biens qu'elle est capable de
        produire à un coût relativement bas et utiliser
        les recettes pour acheter les choses qu'elle
        ne peut produire qu'à un coût élevé.................. 101

CONCLUSION
        Quelques réflexions finales 113

**UN MYTHE: LES IMMIGRANTS VOLENT LES EMPLOIS
DES CANADIENS** DE PATRICK LUCIANI....................... 117

LA VITRE CASSÉE DE FRÉDÉRIC BASTIAT 133

LES AUTEURS 139

AGMV Marquis

MEMBRE DE SCABRINI MEDIA

Québec, Canada
2003